LA

GRANDE ARMÉE

DE 1813

OUVRAGES DU MÊME AUTEUR

Histoire de Louvois et de son administration politique et militaire. édit. 4 vol. in-12. . . . . 14 fr.

(Ouvrage qui a remporté le 1er prix Gobert de l'Académie française)

Le comte de Gisors. 4ᵉ édition. 1 vol. in-12. . . . . 3 fr. 50

Les Volontaires (1791-1794). 5ᵉ édit. 1 vol. in-12. . . 3 fr. 50

LA GRANDE ARMÉE

DE

1813

PAR

CAMILLE ROUSSET

DE L'ACADÉMIE FRANÇAISE

DEUXIÈME ÉDITION

PARIS
LIBRAIRIE ACADÉMIQUE DIDIER
PERRIN ET Cie, LIBRAIRES-ÉDITEURS
35, QUAI DES GRANDS-AUGUSTINS, 35
—
1892
Tous droits réservés.

AVANT-PROPOS

La Grande Armée de 1813 est une suite, ou, plus exactement, un pendant aux *Volontaires*. C'est une seconde enquête dont l'objet, la méthode et les résultats confirment, par analogie, les conclusions de la première.

Entre les deux cependant il y a une différence capitale, déjà marquée, aux yeux du lecteur, par l'opposition des sujets, par la seule énonciation des noms et des dates sous lesquels ils se produisent. Peut-il y avoir un terrain commun pour les *Volontaires* de 1792 et pour la *Grande Armée* de 1813? Celle-ci n'est-elle pas située précisément aux antipodes de ceux-là?

En effet, les deux enquêtes ont des points de départ absolument opposés, et l'on ne peut imaginer rien de plus dissemblable que les personnages dont il faut, à vingt ans d'intervalle, examiner les actes.

D'un côté, ce sont des révolutionnaires qui, à propos des institutions militaires comme de toutes les autres, suppriment lois, règlements, usages, traditions, exemples, qui, en deux mots, effacent le passé et font du présent table rase. Pour eux, l'élan démocratique remplace tout, suffit à tout, triomphe de tout ; le sublime de la guerre c'est la levée en masse ; et quoique leur idéal n'ait point de succès, quoique les faits donnent de continuels démentis à leurs visions, ils tiennent ferme, ils égarent l'opinion, ils faussent la vérité, ils créent la légende.

D'autre part, c'est l'Empereur, c'est l'homme qui a mis fin à cette anarchie, à cette fantasmagorie, à ce mirage ; c'est l'homme qui, des épaves recueillies de l'ancienne société, a refait en grande partie la société nouvelle; c'est l'homme qui, dans les choses militaires surtout, a remis l'ordre, l'autorité, la subordination, la discipline, les grandes traditions de l'art et du métier de la guerre.

Les situations ne peuvent donc pas être plus différentes; mais voici des incidents qui vont rapprocher des procédés révolutionnaires l'adversaire de la révolution.

L'armée qui a fait en Russie la campagne de 1812 a péri; le peu qui a survécu ne peut pas être compté. La France n'a plus d'anciens soldats; elle n'a qu'un reste d'hommes faits; sa jeunesse est déjà décimée; elle ne possède plus en nombre que des adolescents, des enfants, c'est le mot même de l'Empereur [1]. Ces

---

[1] Voy., aux *Annexes*, le tableau des levées et appels faits en quinze mois, du 1ᵉʳ septembre 1812 au 20 novembre 1813. L'énormité des chiffres est déjà un symptôme de l'épuisement de la France; on savait bien qu'on lui demandait infiniment plus qu'elle ne pouvait donner; mais on voulait, par l'excès même de la demande, la contraindre à faire, pour essayer de

adolescents, la nécessité force l'Empereur à les prendre ; tout manque cependant pour les équiper, pour les organiser, pour les instruire ; le temps, l'argent, les officiers, tout manque. On fabrique à la hâte des cadres d'aventure ajustés tant bien que mal à des conscrits de quinze jours. On improvise une apparence d'organisation qui fait pour un moment illusion à la France et à l'Europe même.

On entre en campagne. L'ascendant moral que l'Empereur exerce sur l'ennemi comme sur les siens lui donne d'abord des succès inespérés ; mais au lieu de saisir ce retour de

s'acquitter, les derniers efforts. Sur le total général des appels, le déficit a été de plus de moitié ; il a été d'un tiers au moins sur les levées faites avant la catastrophe de Leipzig. Parmi les anciennes classes rappelées, c'est le premier fonds des *cohortes* qui a donné le moins de mécompte ; mais quand de nouvelles exigences sont venues frapper ces mêmes classes, elles ont été presque absolument hors d'état d'y satisfaire. La correspondance du ministre de la Guerre avec le directeur général de la conscription et les préfets ne laisse aucun doute à cet égard. Ce sont donc les adolescents des classes de 1813 et de 1814 qui ont dû prématurément combler les vides que l'appel prématuré de leurs aînés avait fatalement produits dans les cadres.

fortune et de s'arrêter, l'ambition l'emporte, il persiste à combattre, et, pour parer aux défauts de ses jeunes troupes, il les fait tous les jours plus nombreuses [1]. Cependant vient l'heure où les vices d'origine, qui avaient été dissimulés d'abord et couverts par l'éclat des premiers succès, ne peuvent plus être ignorés ; le génie du grand capitaine ne suffit plus à réparer les fautes, volontaires ou forcées, de l'organisateur. Les échecs se succèdent, l'armée s'abîme dans une épouvantable catastrophe, et le grand vaincu de Leipzig s'éloigne en murmurant : « Il me faut des hommes et non des enfants... Il faut des hommes pour défendre la France.[2] »

Ainsi l'Empereur Napoléon a échoué comme ont échoué les révolutionnaires, et de ce dou-

[1] Voy., aux *Annexes*, la composition de la *Grande armée* au 15 août 1813 ; c'est le moment où, après avoir reçu son plus grand développement, elle rentre en campagne.

[2] Lettre de l'Empereur au général Clarke, duc de Feltre, ministre de la Guerre. Gotha, 25 octobre 1813. *Correspondance de Napoléon I*, t. XXVI.

ble exemple résulte cette commune conclusion, qui est la vérité même : On n'improvise pas des soldats; on n'improvise pas des armées.

L'étude attentive et le rapprochement des témoignages les plus considérables sur la formation, les aptitudes physiques et morales, les qualités et les défauts, l'action même et la ruine de l'armée improvisée après 1812, tel est, en résumé, le seul objet de ce livre. Il n'a pas la prétention d'être une histoire de la campagne de 1813.

Août 1871.

LA GRANDE ARMÉE
DE
1813

I

DÉBRIS DE LA GRANDE ARMÉE DE 1812

Le 8 janvier 1813, le maréchal Davout, commandant le premier corps de la Grande armée, écrivait de Thorn, sur la Vistule, au prince Berthier, major général : « Monseigneur, j'ai l'honneur d'adresser à Votre Altesse Sérénissime un état numérique et par grade des officiers, sous-officiers et soldats du premier corps. Il est fait sur un état nominatif que chaque régiment a adressé à l'inspecteur aux revues. Je ne présume pas qu'il nous rentrera encore beaucoup de monde, et si, en totalité, tout le premier corps reçoit cinq cents hommes en plus, je serai bien surpris... Je pense, Monseigneur, que, pour remplir l'intention de l'Empereur de renvoyer les cadres en France, on devrait conserver dans chaque régiment les soldats en état de faire un service actif, ce qui formerait une ou deux compagnies, et renvoyer le reste au dépôt des régiments. »

Des trente-six régiments français, d'infanterie de ligne ou d'infanterie légère, qui avaient poussé jusqu'à Moscou la fortune de la Grande armée, seize, la moitié à deux près, faisaient partie du premier corps. Un seul de ces régiments était formé à quatre bataillons; chacun des autres en avait cinq. Neuf jours avant le passage du Niémen, au 15 juin 1812, l'effectif des soixante-dix-neuf bataillons français commandés par le maréchal Davout était de 66,345 officiers, sous-officiers et soldats : il était de 3,019 au 8 janvier 1813. En défalquant les malades, les infirmes, tout ce qui était ce jour-là ou pour jamais hors de service, il restait 674 officiers, 1,607 sous-officiers et soldats, en tout 2,281 hommes capables de faire la guerre.

Tel était l'état numérique du premier corps, le mieux commandé, le mieux surveillé, le mieux gouverné de tous, sous un chef dont la sévérité intelligente s'entendait le mieux à conserver les hommes par la discipline ; mais aussi c'était celui qui, pendant les premières épreuves de la retraite, avait le plus souffert pour le salut commun.

Trois semaines plus tard, dans une lettre adressée, le 1er février, de Posen, à l'Empereur, le prince Eugène achevait, avec la même exactitude, l'attristante esquisse dont le maréchal Davout avait envoyé les premiers traits : 1,600 hommes du premier corps, 1,900 du deuxième, 1,000 du troisième, 1,900 du quatrième[1], 6,400 combattants, c'était tout ce qui restait de trente-six régiments, de cent cinquante-six bataillons, de plus de 125,000 hommes d'infanterie exclusivement française[2].

[1] Ces chiffres sont exactement ceux que donne le prince Eugène. Il convient seulement d'ajouter que le prince annonce l'intention de joindre à ces débris des quatre corps français les détachements venant d'Anvers, soit 1,100 hommes environ, et 1,100 Badois. C'est pourquoi l'Empereur lui répond le 8 février : « Je vois que le premier corps a organisé trois bataillons qui sont actuellement forts de 2,400 hommes... Je vois que le deuxième corps est de 2,400... Le troisième corps est à 1,500... Je vois que le quatrième corps a 2,000 hommes... » 19,557. *Corresp. de Napoléon Ier*, t. XXIV. — L'Empereur met ensemble ce que distingue nettement le prince Eugène et ce que nous avons dû distinguer avec lui.

[2] Extrait du livret de situation de la Grande armée au 15 juin 1812.

INFANTERIE FRANÇAISE. EFFECTIF.
Premier Corps.

1re division.	13e léger.	5 bataillons.	4,296 hommes.
	17e de ligne.	5 —	4,120
	30e id.	5 —	4,438

Lorsqu'il avait quitté l'armée à Smorgoni, le 5 décembre 1812, l'Empereur était bien loin de

2e division.	15e léger.	5	bataillons	4,398	
	33e de ligne.	5	—	4,252	
	48e id.	5	—	4,353	
3e division.	7e léger.	5	—	4,163	
	12e de ligne.	5	—	4,142	
	21e id.	5	—	4,314	
4e division.	33e léger.	4	—	2,254	
	85e de ligne.	5	—	4,188	
	108e id.	5	—	4,398	
5e division.	25e id.	5	—	4,171	
	57e id.	5	—	4,274	
	61e id.	5	—	4,199	
	111e id.	5	—	4,355	66,345

Deuxième Corps.

6e division.	26e léger.	4	bataillons.	3,162	
	56e de ligne.	4	—	3,381	
	19e id.	4	—	3,448	
8e division.	11e léger.	4	—	3,644	
	2e de ligne.	5	—	3,830	
	37e id.	4	—	3,276	21,014

Troisième Corps.

10e division.	24e léger.	4	bataillons.	3,372	
	46e de ligne.	4	—	3,137	
	72e id.	4	—	3,006	
11e division.	4e id.	4	—	2,529	
	18e id.	4	—	3,200	
	93e id.	4	—	3,406	18,950

Quatrième Corps.

13e division.	8e léger.	2	bataillons.	1,579	
	84e de ligne.	4	—	2,798	
	92e id.	4	—	2,866	
	106e id.	4	—	2,959	
14e division.	18e léger.	2	—	1,551	
	9e de ligne.	4	—	2,641	
	35e id.	4	—	2,571	
	53e id.	4	—	2,658	19 623
			Total........	125,062 h.	

connaître, de soupçonner même toute l'horreur de cette ruine. Il n'en soupçonnait rien encore à Paris, le 30 décembre ; car, ce jour-là, il s'occupait de réorganiser la Grande armée avec ses éléments propres, s'imaginant calculer largement les pertes à la moitié environ de l'effectif, de telle sorte que, les cadres de deux bataillons par régiment étant renvoyés en France, il en resterait encore trois d'une force très respectable sur la Vistule [1]. Enfin la lumière se fit, les illusions cédèrent, et la réalité apparut si lugubre que l'Empereur eût voulu être seul à en contenir le secret. Dans un conseil tenu à Fontainebleau, après avoir ordonné qu'on dressât un état comparé des forces militaires de l'Empire au mois de janvier 1812 et au mois de janvier 1813 : « Pour ce dernier, ajoutait-il expressément, on peut se dispenser de mettre la Grande armée ; je m'en charge [2]. »

Le prince Eugène n'avait jamais pu songer à conserver trois bataillons ni même un seul bataillon par régiment des quatre premiers corps ; le peu d'hommes qui lui restait suffisait à peine à la formation d'une compagnie, de deux compagnies tout au plus. A cette minime exception

---

[1] L'Empereur au général Clarke. Paris, 30 décembre 1812. 19,410. Corresp. de Napoléon Ier, t. XXIV.
[2] Note en conseil. Fontainebleau, 24 janvier 1813. — 19,496. Corresp. de Napoléon Ier, t. XXIV.

près, il reçut l'ordre de renvoyer en France tous les cadres[1]. Cependant l'Empereur lui écrivait encore le 27 janvier : « Le premier corps qui se trouvera à Stettin est très fort et pourra observer la Poméranie. » Dernière illusion ! le premier corps, au témoignage du prince Eugène, était réduit, le 1er février, à 1,600 hommes en état de servir.

Enfermés dans les places de l'Oder, les quatre anciens corps n'y auraient fourni que des garnisons beaucoup trop faibles, si on ne s'était hâté de leur envoyer en renfort ce qu'on appelait les *garnisons des vaisseaux*; c'était un certain nombre de compagnies tirées des bataillons de dépôt et que l'armée de terre avait autrefois prêtées à la marine pour garder les vaisseaux de haut bord retenus dans les grands ports militaires de l'Empire. Déjà l'Empereur avait envoyé de Moscou, le 5 octobre 1812, l'ordre de les rappeler et de les diriger sur la Grande armée, qui avait besoin d'anciens soldats pour réparer ses cadres : « Car, disait l'Empereur, avec une justesse d'expression que l'épreuve de 1813 allait rendre d'autant plus frappante[2], il y a une bien grande économie à employer des hommes

---

[1] L'Empereur au général Clarke, 25 janvier 1813. — 19,503. *Corresp.*, t. XXIV.

[2] L'Empereur au général Clarke, Moscou, 5 octobre 1812. — 19,247. *Corresp.*, t. XXIV.

faits dans une guerre aussi lointaine. » De la garde des vaisseaux, ces compagnies, par la nouvelle destination qui leur fut assignée, passèrent à la garde des places de l'Oder ; leur effectif, au mois de novembre 1812, était de 7,300 hommes[1]. A la fin de janvier 1813, les seuls détachements de l'Escaut et du Texel étaient arrivés, l'un à Spandau, l'autre à Custrin ; ceux de Toulon, Rochefort, Brest et Cherbourg ne devaient pas atteindre, avant le mois de mars, leur destination[2].

Après avoir pourvu de tout son possible à la sûreté des places de l'Oder, le prince Eugène n'aurait plus eu une seule troupe à tenir en campagne, s'il n'avait trouvé en Allemagne la division Lagrange, du onzième corps[3], et la division Grenier, qui arrivait d'Italie si complète que l'Empereur avait prescrit de la dédoubler. L'une et l'autre comptaient ensemble trente-six bataillons avec lesquels le prince Eugène avait ordre de former un corps d'avant-garde[4]. Une

---

[1] Rapport du ministre de la guerre à l'Empereur, 12 novembre 1812. Minute. *Archives historiques de la Guerre*.

[2] Livret de situation des divisions militaires de l'intérieur au 15 janvier 1813. — Voir la 26e division, quartier général à Mayence. — L'effectif des détachements tirés des ports de l'ancienne France est de 3,985 hommes.

[3] C'était la seule des divisions du onzième corps qui fût disponible, les débris des autres étant enfermés à Dantzig.

[4] L'Empereur au général Clarke, 23 janvier 1813. — 19,503. *Corresp.*, t. XXIV.

avant-garde suppose un corps de bataille : où était celui-ci ? « Mon fils, écrivait l'Empereur au prince vice-roi d'Italie, le 27 janvier 1813, je n'ai pas encore des idées bien nettes sur la manière dont l'armée doit se réorganiser... J'attends pour cela de nouveaux renseignements. »

Réorganiser ne suffisait plus, la matière même de l'ancienne organisation étant détruite ; il fallait, sous le prestige d'un nom glorieux qui subsistait seul, créer une *Grande armée* neuve. Ce n'était là d'ailleurs qu'une question de forme, et les hésitations de l'Empereur n'étaient qu'apparentes ; refaire d'une manière ou d'une autre l'état militaire de l'Empire, c'était l'essentiel. Depuis son retour, l'Empereur n'avait pas cessé d'y appliquer l'activité incomparable de son génie.

II

RESSOURCES POUR REFAIRE L'ARMÉE — RESTES DE LA CONSCRIPTION DE 1812 — CONSCRIPTION DE 1813

Quelles étaient les ressources dont pouvait immédiatement disposer l'Empereur ?

Des 120,000 conscrits de 1812 il ne restait à peu près rien dans les dépôts où s'alimentait depuis huit mois sans cesse une sorte de colonne sans fin, toujours en marche, du Rhin à la Vistule, jusqu'aux réserves de la Grande armée [1]. C'était de ces conscrits qu'étaient faites les divisions du neuvième et du onzième corps qui, envoyées au-devant de leurs camarades revenant de Moscou, s'étaient, en essayant de les sauver, sacrifiées et ruinées elles-mêmes dans une diversion généreuse, mais au-dessus de

---

[1] En ne parlant ici que de la Grande armée, on n'a garde d'oublier l'armée ou plutôt les armées d'Espagne, qui étaient aussi absorbantes et qui ne comptaient pas moins de 83 régiments d'infanterie.

leurs forces; c'était de ces conscrits qu'était faite également la division Durutte, appelée du onzième corps au septième, destinée à combattre lorsque les autres ne combattaient plus ou ne combattaient pas encore, et dont le général Reynier [1] disait, après l'affaire de Kalisch, véritable trait d'union entre la campagne de 1812 et celle de 1813 : « Les récompenses demandées par le général Durutte me paraissent méritées. La composition de cette division, dont les soldats étaient trop jeunes et hors d'état de soutenir les fatigues, a exigé beaucoup plus de soin des officiers, et ceux qui ont conservé plus d'hommes, et qui se sont en même temps distingués dans les combats, méritent des récompenses [2]. »

Après ce témoignage dont il importe de tenir grand compte, le général Reynier ajoutait : « La division Durutte est faible dans ce moment, mais il y a plus de 10,000 hommes dans les dépôts des régiments qui la composent. » Si, dans cette observation, le général Reynier entendait parler de la conscription de 1813, son calcul était déjà inexact, car cette division se com-

---

[1] Le général Reynier commandait le septième corps.
[2] Le général Reynier au prince Eugène, 23 février 1813. *Archives historiques de la Guerre*. — L'affaire de Kalisch est du 13 février 1813. — Par une singulière inadvertance qu'expliquent d'ailleurs ses vieux souvenirs de l'armée d'Égypte, le général Reynier a écrit « l'affaire d'El Arisch », pour l'affaire de Kalisch.

posait de détachements empruntés à plus de trente régiments dont la principale portion ou la masse, employée ailleurs, devait nécessairement attirer à elle la plus grande partie des recrues ; mais s'il entendait parler de la conscription de 1812, il était tout à fait dans l'erreur.

Au mois d'octobre, l'Empereur avait envoyé de Moscou au ministre de la guerre l'ordre de faire passer des revues de rigueur dans tous les dépôts, soit des régiments de la Grande armée, soit même des régiments dont les bataillons étaient partagés entre la Russie et l'Espagne, de faire visiter aussi les hôpitaux, et de tout diriger, disponibles et convalescents, sur Mayence [1]. L'ordre exécuté rigoureusement, il se trouva 4,547 malades dont on attendait le rétablissement plus ou moins prochain pour les mettre en route, et seulement 1,822 hommes en état de partir [2]. Voilà tout ce qui restait,

---

[1] Circulaire du ministre de la guerre aux généraux commandant les divisions militaires, 11 novembre 1812. *Archives de la Guerre*.

[2] Rapport du ministre de la Guerre à l'Empereur, 12 novembre 1812. Minute. *Archives de la Guerre*. — Les dépôts des régiments qui se trouvaient dans les conditions indiquées par l'Empereur comprenaient, au 15 octobre, 26,503 hommes dont voici le détail :

1,230 officiers. } Cadres auxquels il était
4,702 sous-officiers, instructeurs, } impossible de toucher.
    caporaux et tambours.
1,406 hommes en recrutement.
3,919 ouvriers des ateliers régimentaires.

pour la Grande armée, de la conscription de 1812 et même des conscriptions antérieures. Aussi bien y avait-il dans un pareil résultat quelque chose qui pût, non pas assurément satisfaire l'Empereur, mais seulement l'étonner beaucoup?

Quoi qu'il en soit, la première de ses grandes ressources était dans la conscription de 1813, dont le fonds, de 120,000 hommes en apparence, lui en donnait 137,000 en réalité. En effet, le décret de Moscou du 22 septembre 1812, réformant le sénatus-consulte du 1er du même mois, qui assignait au complément d'une troupe spéciale, les *cohortes*, dont on va parler plus longuement tout à l'heure, 17,000 conscrits à prendre sur la levée de 1813, avait formellement décidé que cette levée générale et complète aurait lieu sans préjudice des 17,000 hommes spécialement destinés aux cohortes [1].

789 enfants de troupe.
1,648 hommes attendant la retraite ou la vétérance.
2,202 hommes à réformer.
4,547 hommes aux hôpitaux et en convalescence, lesquels devaient être dirigés sur Mayence au fur et à mesure de leur rétablissement.
1,822 hommes en état de partir.
4,240 hommes provenant des 7,304 embarqués pour la garnison des vaisseaux, et qui avaient déjà reçu l'ordre de partir pour les places de l'Oder, comme il a été marqué plus haut.

26,503 hommes.

[1] Le décret du 22 septembre mettait en activité 112,546 conscrits et 7,454 en réserve; un autre décret de Moscou, du 8 oc-

Les dernières formalités du recrutement s'étaient prolongées au moins jusqu'à la fin d'octobre ; de tous les dépôts, un seul, celui du 74ᵉ de ligne, avait reçu au 15 novembre le tiers des conscrits qui lui étaient dus. Sur les 105,000 hommes attribués à l'infanterie de ligne et à l'infanterie légère, la majeure partie était enfin arrivée dans les derniers jours de décembre ; cependant, au 15 janvier 1813, il y en avait environ vingt mille que les dépôts attendaient encore, de sorte qu'en dépit de leurs cadres, qui étaient excellents, l'instruction de cette masse de conscrits était à peine ébauchée ou même tout à fait nulle [1].

tobre, porta bientôt à 117,492 le nombre des conscrits de 1813 appelés à l'activité.

[1] Livrets de situation des divisions militaires de l'intérieur au 15 novembre, au 1ᵉʳ décembre 1812, au 15 janvier 1813. *Archives de la Guerre.*

III

LES COHORTES — ORGANISATION — EFFECTIF — MOBILISATION — RÉGIMENTS DE COHORTES

Il en était tout autrement des *cohortes* dont le fonds, malgré de mauvais cadres, était de beaucoup supérieur à celui de 1813, sinon par le nombre, du moins par l'âge, la qualité et l'instruction des hommes qui avaient neuf mois de présence au corps. C'était en effet du mois de mars 1812 que datait la création des cohortes.

Avant de s'engager, à l'autre extrémité de l'Europe, dans l'inconnu d'une région et d'une guerre nouvelles, l'Empereur avait voulu laisser derrière lui, en réserve, une force nationale capable de garder le territoire de l'Empire, et en même temps si peu différente de l'armée qu'elle pût, en cas de besoin, y trouver facilement sa place. Une dénomination un peu bizarre, mais sonore et rappelant les souvenirs de la vieille Rome, avait été choisie à dessein pour distinguer cette force intermédiaire ; ce n'était déjà plus la garde nationale, ce n'était pas encore la troupe de ligne, c'était les cohortes.

Il était bon que cette réserve fût composée d'hommes faits. L'Empereur avait d'abord eu l'idée d'en prendre 120,000 sur les quatre classes de 1809 à 1812[1], puis il lui avait paru préférable de réduire le contingent et d'avoir des hommes plus forts en comprenant dans la levée deux classes plus anciennes. Le 13 mars 1812, un sénatus-consulte avait réglé le service et la division de la garde nationale en trois bans : le premier ban se composait des hommes de vingt à vingt-six ans, des classes de 1807 à 1812, n'ayant point été appelés à l'armée active, lorsque ces classes avaient fourni leur contingent ; le deuxième et le troisième étaient formés des hommes valides de vingt-six à quarante ans et de quarante ans à soixante. Le premier ban se renouvelait chaque année par sixième; pour la première fois seulement et par exception, les classes de 1807 et 1808 ne devaient sortir qu'ensemble et non pas avant l'année 1814. Le service n'était obligé que dans les limites de l'Empire. Enfin, un appel de cent cohortes était fait sur les six classes du premier ban. Cependant, le lendemain, 14 mars, un décret impérial ré-

---

[1] L'Empereur au général Lacuée, comte de Cessac, 24 janvier 1812. — 18,451. *Corresp.*, t. XXIII.

duisait à quatre-vingt-huit le nombre des cohortes appelées; il n'y en eut jamais davantage.

L'organisation devait se faire dans les divers chefs-lieux des divisions militaires. La cohorte, essentiellement départementale, portait, avec un numéro d'ordre, le nom de son département ou des départements voisins dont les contingents réunis contribuaient à sa formation. Elle se composait de six compagnies de fusiliers à 140 hommes, d'une compagnie de dépôt et d'une compagnie d'artillerie à 100 hommes chacune. L'uniforme était celui de l'infanterie de ligne; les officiers et sous-officiers pouvaient être pris, soit parmi les anciens militaires en retraite ou en réforme, soit parmi les hommes de la garde nationale ayant servi dans les bataillons actifs.

Malgré l'adoucissement apporté par le décret à la teneur du sénatus-consulte, malgré la réduction du nombre des cohortes, et bien que ce rappel, cette levée supplémentaire sur des classes qui avaient déjà satisfait à la loi, ne fût plus une nouveauté sans précédents, il n'y en eut pas moins, dans plusieurs des grandes villes de l'Empire, une agitation de quelques jours. Toutefois les opérations du recrutement et de l'organisation des cohortes se firent plus facilement qu'on n'aurait pu s'y attendre, et, après quelques semaines, toute trace de mécontentement avait disparu.

L'effectif des quatre-vingt-huit cohortes, qui aurait dû se rapprocher du complet, c'est-à-dire de 91,520 hommes, ne s'éleva jamais, en 1812, au-dessus de 78,000, mais ne descendit jamais beaucoup au-dessous[1]. On a déjà vu qu'un sénatus-consulte du 1er septembre et un décret impérial du 22 avaient affecté 17,000 conscrits de 1813 au recrutement des cohortes; la mesure, toutefois, ne reçut son exécution que dans les premiers jours de 1813; au 15 janvier, 6,937 hommes de cette levée spéciale venaient d'arriver dans les dépôts[2].

L'heure était venue où, cédant à l'attraction des aventures guerrières, cette institution d'une réserve intérieure allait disparaître; l'armée active était au moment d'absorber les cohortes. Plus ou moins volontaire, plus ou moins provoqué, le vœu de faire campagne s'était produit dans leurs rangs. Ce fut une cohorte de l'extrême Hollande[3], la 87e, qui, l'une des premières,

---

[1] Situation des divisions militaires de l'intérieur, à diverses époques de 1812. *Archives de la Guerre.*
[2] L'Empereur au général Clarke, 3 janvier 1813. — 19,415. *Corresp.*, t. XXIV. — Livrets de situation des divisions militaires de l'intérieur, au 1er décembre 1812 et au 15 janvier 1813. *Archives de la Guerre.*
[3] Formée des contingents des quatre départements ci-après: Ems oriental, Ems occidental, Bouches-de-l'Yssel, Frise.

en fit parvenir l'expression jusqu'à l'Empereur. D'autres suivirent : l'Empereur voulut que leurs adresses fussent publiées dans le *Moniteur*[1]; dès lors, le mouvement devint plus vif. Enfin, le 11 janvier 1813, parut un sénatus-consulte dont l'article 2 était ainsi conçu : « Les cent cohortes du premier ban cesseront de faire partie de la garde nationale et feront partie de l'armée active. » Aussitôt l'ordre fut porté par des estafettes extraordinaires aux [2] quatre-vingt-huit cohortes, seules existantes, de se mettre en marche vingt-quatre heures après la dépêche reçue, les unes pour Paris et Lyon, les autres pour Mayence, Wesel, Hambourg, Osnabrück, Vérone et Puycerda, afin d'y être réunies quatre par quatre en vingt-deux régiments de ligne qui prenaient les numéros de 135 à 156.

Chaque régiment était composé de quatre bataillons de guerre à six compagnies de 140 hommes, et d'un bataillon de dépôt formé des quatre anciennes compagnies de dépôt des cohortes rassemblées désormais en un même corps; ainsi le complet du régiment devait être de 3,920 hommes, et celui des vingt-deux régiments de 86,240. Ce chiffre atteint, le sur-

---

[1] L'Empereur au général Clarke, 26 décembre 1812. — 19,400. *Corresp.*, t. XXIV.

[2] C'est la prescription même de l'Empereur au général Clarke; 12 janvier 1813. — 19,447. *Corresp.*, t. XXIV.

plus des conscrits récemment affectés au recrutement des cohortes devenait disponible et pouvait être versé dans les dépôts d'autres corps moins bien pourvus. Ce changement de destination n'avait, d'ailleurs, rien d'exceptionnel dans cette fièvre d'organisation où les projets étaient modifiés du jour au lendemain, de sorte qu'il y avait, non seulement entre les corps de même arme, mais même entre ceux d'armes différentes, un roulement perpétuel.

Devenues troupes de ligne, les cohortes perdaient leurs compagnies d'artillerie, qui n'avaient d'ailleurs jamais eu avec elles qu'une attache nominale. L'artillerie de l'armée y gagna 8,000 hommes d'un bon choix et déjà instruits. Cependant l'Empereur décida qu'une de ces compagnies serait détachée auprès de chacun des vingt-deux nouveaux corps, et, des autres, il forma trois régiments à la suite de l'arme [1].

[1] L'Empereur au major général Berthier, 9 janvier 1813. — 19,437. *Corresp.*, t. XXIV.

IV

APPEL DE 250,000 HOMMES — RESSOURCES DIVERSES
RÉGIMENTS DE MARINE

Ce n'était pas à la transformation des cohortes que se bornait le sénatus-consulte du 11 janvier 1813. Sa plus grande importance était dans un double appel, l'un de 100,000 hommes, qui était, pour mieux dire, un rappel itératif sur les classes de 1809 à 1812, l'autre, de 150,000 sur la classe de 1814. La levée de 100,000 hommes ou des *quatre classes* — c'est le nom qu'on lui donna — fut faite immédiatement et d'urgence; l'autre devait suivre dans le courant du mois de février. « Il faut, disait l'Empereur, que les conscrits de 1814 ne soient dérangés et remués que lorsque les autres partiront. Il y aurait de l'inconvénient à armer tant de conscrits à la fois[1]. »

En même temps, l'Empereur se faisait offrir par les départements et les villes des cavaliers

[1] L'Empereur au général Clarke, 16 janvier 1813. — 19,452. *Corresp.*, t. XXIV.

équipés et montés autant que possible ; au mois de février, les offres s'élevaient au chiffre de 15,000 hommes et de 20,000 chevaux ; mais sur ce fonds volontaire, plus encore que sur les appels obligatoires, il y eut beaucoup de mécompte et de déchet.

Il n'y avait pas si petite ressource dont l'Empereur dédaignât de faire usage. La garde municipale de Paris avait deux bataillons forts ensemble de 1,050 hommes : ils furent dirigés sur Erfurt pour constituer le fonds d'un nouveau régiment, le 134º de ligne [1]. Chaque chef-lieu de département entretenait une compagnie de réserve qui y faisait à peu près le même service que la garde municipale à Paris : cent seize de ces compagnies durent contribuer par des détachements, jusqu'à concurrence de 4,000 hommes, à la formation d'un 37º régiment d'infanterie légère [2].

Une ressource plus importante et que l'Empe-

---

[1] Situation des divisions militaires de l'intérieur, au 15 janvier 1813. Voir la 26º division, à Mayence. — Dans une autre situation, du 1ᵉʳ mars, l'effectif, au 20 février, du 134ᵉ, grossi par des détachements tirés du 69ᵉ, du 76ᵉ et du 79ᵉ, est de 1,829 hommes.

[2] Le 37ᵉ léger fut créé par décret du 7 février 1813 et organisé à Mayence. Une situation du 1ᵉʳ mars lui donne un effectif de 3,307 hommes pour ses quatre bataillons de guerre ; une autre situation du 15 mars y ajoute le cinquième bataillon de dépôt et porte l'effectif à 4,060 hommes ; mais une situation originale du 2ᵉ corps d'observation du Rhin, au 15 avril 1813, réduit l'effectif à 2,851 hommes pour les cinq bataillons, dont les deux derniers ne donnent ensemble que 305 hommes.

reur ne pouvait pas négliger, c'était le corps d'artillerie de la marine, composé de quatre régiments, et qui restait inactif dans les ports fermés de l'Empire. « Je viens, écrivait le 23 janvier l'Empereur au ministre de la guerre, je viens de rendre un décret par lequel je mets à la disposition de votre ministère les douze bataillons de la marine, et comme il y a là beaucoup de vieux soldats, j'ai pris le parti de doubler ces bataillons, et, au lieu de douze, d'en former vingt-quatre. Ces bataillons, à 840 hommes, me formeront un complet de 20,000 hommes. Or il n'y en a aujourd'hui que 16,000 ; c'est donc 4,000 hommes qu'il me faudra encore ; de ces 4,000 hommes, je désire en faire fournir 2,000 sur la conscription des 100,000 hommes, et 2,000 sur la conscription de 1814[1]. »

Assurément, il serait bien difficile de contester les chiffres donnés par l'Empereur, si l'on n'avait pas à opposer l'autorité de l'Empereur à elle-même. En arrivant à Mayence pour prendre le commandement du deuxième corps d'observation du Rhin, le maréchal Marmont avait trouvé l'effectif des canonniers de marine, qui étaient mis sous ses ordres, de beaucoup inférieur à celui que promettaient les états fournis par le ministre

[1] L'Empereur au général Clarke. Fontainebleau, 23 janvier 1813. — 19,485. *Corresp.*, t. XXIV.

de la guerre, et il s'en était plaint à l'Empereur, qui lui répondit : « Vous deviez avoir vingt bataillons formant 16,000 hommes ; il paraît que, pour le moment, ils ne formeront que 10,000 hommes, puisqu'il faudra beaucoup de temps pour que les détachements qui sont en route arrivent à leurs régiments [1]. »

Le fait est que la marine avait réclamé et obtenu de conserver, pour la garde des arsenaux et le service des batteries des ports, une partie de ses canonniers, et que les états du ministre de la guerre avaient enflé le reste. « Les bataillons des régiments de marine sont trop faibles, écrivait, le 7 avril, l'Empereur au maréchal Marmont ; vous laisserez à Mayence six cadres de bataillons de ces régiments, de sorte que vous porterez les bataillons que vous garderez à 600 hommes chacun [2]. » Une situation originale du deuxième corps du Rhin, dressée le 15 avril, avant l'exécution de cet ordre, donne aux vingt bataillons de marine ensemble un effectif de 12,080 hommes, dont 4,000 au moins étaient des conscrits de l'armée [3]; c'est donc exactement à

---

[1] Le maréchal Marmont à l'Empereur, 26 mars 1813. — L'Empereur au maréchal Marmont, 1er avril. — *Mémoires du maréchal Marmont*, t. V, p. 31 et 41.

[2] L'Empereur au maréchal Marmont. Paris, 7 avril 1813. — 19,822. *Corresp.*, t. XXV.

[3] C'est ce que dit expressément le maréchal Marmont dans une lettre adressée à l'Empereur, le 20 avril. *Mémoires*, t. V, p. 74-77.

8,000, c'est-à-dire à la moitié du chiffre allégué d'abord par l'Empereur, qu'il faut réduire le nombre vrai des anciens canonniers-marins.

On n'insiste sur ce détail que pour montrer combien on doit se défier de ces excès de chiffres, de ces effectifs fictifs qu'un zèle maladroit ou une complaisance bien dangereuse osait présenter trop souvent à l'Empereur. Ce n'est pas que, lorsqu'il le voulait bien, l'Empereur ne s'en défiât lui-même. « Je vois tant de variantes dans les états qui me sont soumis que je ne sais à quoi m'en tenir, disait-il un jour devant ses ministres; je demande qu'on me prouve comment, en juin 1812, j'avais 413,000 hommes dans l'intérieur [1]. »

Une autre fois, il écrivait au prince Eugène : « Je vois dans les lettres du prince d'Eckmühl que le corps du général Reynier n'est que de 2,000 hommes; j'ai toujours supposé ce corps de 12,000 hommes. Je vois aussi dans ces lettres que le corps de Dombrowski n'est que de 300 hommes : j'avais toujours supposé, par vos états de situation, que ce corps était de 3,000 hommes. Je ne puis pas trop comprendre comment vous n'avez pas de renseignements précis sur tout cela [2]. »

[1] Note en conseil. Fontainebleau, 24 janvier 1813. — 19,496. *Corresp.*, t. XXIV.

[2] L'Empereur au prince Eugène, 23 mars 1813. — 19,753. *Corresp.*, t. XXV.

V

NOUVEL APPEL DE 180,000 HOMMES — RÉSUMÉ DES RESSOURCES POUR LE RÉTABLISSEMENT DE LA GRANDE ARMÉE

Pour les grands desseins qu'il méditait, l'Empereur ne croyait pas avoir assez des ressources qu'on vient de dire. Un sénatus-consulte du 3 avril autorisa une levée supplémentaire de 180,000 hommes, à savoir : 1° 80,000 hommes à prendre sur le premier ban de 1807 à 1812, c'est-à-dire sur l'ancien fonds qui avait déjà fourni aux cohortes; 2° 90,000 derechef sur la conscription de 1814, qui devait être remplacée, pour la défense du littoral et des frontières, à l'Ouest et au Midi, par la garde nationale sédentaire; 3° 10,000 Gardes d'honneur à cheval.

Ceux-ci étaient des jeunes gens de famille noble ou de bourgeoisie aisée qui, ayant échappé jusque-là par le remplacement aux levées précédentes, se trouvaient désormais contraints au service personnel. Il y avait longtemps déjà que l'Empereur y songeait. « J'ai accepté, mandait-il à Berthier dès le 9 janvier 1813, les offres qu'on m'a faites de six escadrons de Gardes du corps, de 200 hommes chaque escadron. Ils seront composés de volontaires des départements, ayant tous une pension de mille francs de chez leurs parents [1]. » De 1,200 hommes, le chiffre de cette cavalerie avait donc été, en fin de compte, porté à 10,000, et le nom de Gardes du corps remplacé par celui de Gardes d'honneur; enfin, comme il n'était pas certain que les listes d'appel fussent spontanément remplies, les préfets étaient spécialement autorisés à désigner d'office les prétendus volontaires. Dans l'armée, on prit l'habitude de les appeler les *otages*.

Ainsi, et pour résumer tout ce qui précède, voici les éléments militaires dont l'Empereur, en trois mois, avait cru devoir s'assurer, afin de créer une Grande armée nouvelle :

1° 5,000 anciens soldats de la garde de Paris et des départements, ayant fait la guerre, mais, jusqu'au moment de ce dernier appel, n'ayant plus compté la faire ;

2° 8,000 canonniers de la marine, de vingt-trois ans en moyenne, n'ayant jamais fait la guerre, n'ayant ni expérience du service de terre,

---

[1] L'Empereur au major général, 9 janvier 1813. — 19,437. *Corresp.*, t. XXIV.

ni connaissance des manœuvres d'infanterie[1];

3° 78,000 hommes des anciennes cohortes, de vingt à vingt-six ans, ayant neuf ou dix mois d'instruction;

4° 80,000 conscrits du premier ban, de vingt à vingt-six ans;

5° 100,000 conscrits des *quatre classes*, de vingt à vingt-quatre ans;

6° 25,000 conscrits, Gardes d'honneur et cavaliers offerts, de vingt à vingt-cinq ans;

7° 137,000 conscrits de 1813, de dix-neuf à vingt ans;

8° 240,000 conscrits de 1814, de dix-huit à dix-neuf ans.

Les cinq premiers mille exceptés, ces 673,000 hommes étaient de fait, ou par analogie, des conscrits; les deux tiers avaient moins de vingt ans.

Le 6 janvier 1813, le ministre de la guerre avait adressé à tous les généraux commandant les divisions militaires de l'intérieur, une circulaire dont la minute était d'abord ainsi rédigée :
« Vous prescrirez aux commandants des dépôts

---

[1] C'est ce que dit expressément le maréchal Marmont : « Les régiments d'artillerie de la marine, faisant le fonds de mon corps d'armée, méritaient beaucoup d'éloges pour leur bravoure et leur bon esprit... Mais ces troupes avaient une grande maladresse et un manque complet d'expérience de la guerre de terre. Elles eurent, en conséquence, pendant quelque temps beaucoup de désavantage devant l'ennemi. » *Mémoires*, t. V.

de surveiller avec le plus grand soin l'instruction et la tenue des conscrits de 1813 auxquels les anciens soldats doivent servir de modèle. » Sur la minute même le ministre a fait biffer la date de 1813 et le mot *soldats*, de sorte que, dans son laconisme expressif, la circulaire n'a plus parlé que « des *nouveaux conscrits* auxquels les *anciens* doivent servir de modèle [1] ». En effet, il n'y avait plus d'anciens soldats; c'était de conscrits à conscrits seulement que le bon exemple devait désormais se transmettre.

[1] Année 1813. Correspondance du ministre. *Archives historiques de la Guerre*.

VI

PREMIERS PROJETS DE RÉORGANISATION — INSUFFISANCE DES CADRES

Au commencement de cette année 1813, lorsque, croyant encore les vingt-huit régiments français des trois premiers corps de la Grande armée en état de compléter sur place leurs premiers bataillons, l'Empereur avait fait prescrire au prince Eugène de renvoyer le surplus des cadres, il avait décidé que, par exception, ceux des deuxièmes bataillons, laissant les autres continuer leurs étapes vers la France, s'arrêteraient à Erfurt et y attendraient les recrues envoyées des dépôts à leur rencontre. De même pour les huit régiments du quatrième corps ; c'était à Augsbourg que les cadres de leurs deuxièmes bataillons devaient s'arrêter et recevoir d'Italie, de Genève et de Grenoble les conscrits versés à leurs dépôts respectifs. De cette façon, une force déjà considérable, réorganisée au cœur même de l'Allemagne, se trouverait d'autant plus vite en mesure de rejoindre sur l'Oder le corps d'avant-garde, commandé par le maréchal Augereau, et le noyau des anciens corps reformés en divisions par les soins du prince Eugène.

En même temps, dans l'intérieur de l'Empire, on ne resterait pas inactif. Tandis que les trois derniers bataillons des anciens régiments de la Grande armée y rempliraient successivement leurs cadres, quatre corps d'observation, destinés à se tenir, un sur l'Elbe, deux sur le Rhin, le dernier en Italie, seraient formés d'éléments nouveaux ou appropriés à la conjoncture. C'est ainsi que les vingt-deux régiments de cohortes devaient être employés, onze au corps de l'Elbe qu'ils constitueraient seuls, deux au corps d'Italie, le surplus, à l'exception du 143e, affecté à la garnison de Puycerda, dans l'un des deux corps du Rhin.

Enfin, comme il y avait en France un certain nombre de troisièmes et quatrièmes bataillons appartenant à des régiments dont la tête se trouvait en Espagne, et un plus grand nombre encore de bataillons isolés, distraits souvent depuis plusieurs années de leurs régiments dont le fonds était un peu partout, en Espagne, en Allemagne, en Italie, en Illyrie, à Danzig, l'Empereur avait résolu de les employer tous dans les corps du

Rhin et d'Italie, les premiers sous leur numéro propre, comme des régiments réguliers, les autres réunis deux à deux, sous des numéros et à titre de régiments provisoires [1]. La vérité — il importe beaucoup d'en faire ici la remarque — est que, réguliers ou provisoires, ces régiments ne se composaient guère alors que de cadres incomplets, à peu près vides, et qu'il fallait s'occuper de remplir aussi bien que les cadres attendus de la Grande armée.

Pour en finir d'ailleurs avec ces premiers projets de réorganisation, il suffira de dire que la défection de la Prusse ayant irrévocablement enfermé dans les places de l'Oder les restes de l'ancienne armée et forcé le corps, dit d'avant-garde, à se replier sur l'Elbe, ce furent les corps, dits jusque-là d'observation, qui composèrent à peu près exclusivement l'armée nouvelle.

Troupes actives ou troupes d'observation, il importait avant tout qu'elles fussent promptement constituées. On a vu combien, pour cet objet d'un intérêt si considérable, l'Empereur comptait sur les cadres qu'il attendait de la Grande armée; pour ceux-ci la besogne fut d'abord simplifiée et bientôt faite. Après avoir complété à grande peine une et rarement deux

[1] L'Empereur au général Clarke. Paris, 6 janvier 1813. — 19,425. *Corresp.*, t. XXIV.

compagnies par régiment des quatre premiers corps, le prince Eugène avait renvoyé tout le surplus des officiers et sous-officiers : c'était peu de chose. « Monsieur le duc de Feltre, écrivait l'Empereur au ministre de la guerre, le vice-roi me mande qu'il ne pense pas que les cadres des cinq bataillons que chaque régiment de la Grande armée a dû envoyer, soit à Erfurt, soit à Augsbourg, puissent fournir davantage que la formation de deux bataillons, tant en officiers qu'en sous-officiers [1]. »

Dépêché de Paris à Erfurt afin d'organiser au plus tôt les deuxièmes bataillons, le général Doucet était fort contrarié par l'insuffisance des cadres, et, pour justifier son embarras, il envoyait au prince Eugène, ainsi qu'au major général, des états que ceux-ci ne pouvaient mieux faire que de renvoyer au ministre. On y voit, par exemple, figurer huit régiments du premier corps pour les cadres de leurs deuxièmes bataillons : le mieux pourvu a huit officiers et cinq sous-officiers ; il en est un, le 33e léger, qui ne figure que pour mémoire ; il n'a plus un seul élément de son cadre. Au total, le nombre des officiers pour les huit régiments cités en exemple est de quarante-deux,

---

[1] L'Empereur au général Clarke. Paris, 11 février 1813. — 19,568. *Corresp.*, t. XIV.

celui des sous-officiers et caporaux, de vingt-sept seulement [1].

En présence d'une telle pénurie, il fallut faire rétrograder de Mayence sur Erfurt les débris des autres cadres que le général Doucet ne s'était pas cru d'abord en droit de retenir, et les employer en grande partie au rétablissement des deuxièmes bataillons [2]. Quant aux premiers, troisièmes et quatrièmes, tout fut à créer de toutes pièces, officiers et soldats.

Une remarque surprenante, entre toutes celles que suggère l'étude des choses militaires en ces premiers mois de 1813, c'est le manque d'officiers, non pas seulement de sujets de mérite, mais d'officiers en général. Depuis l'origine de la guerre d'Espagne, les armées avaient été constituées dans la péninsule avec une prodigalité dont l'Empereur commençait à sentir les inconvénients. « Il y a dans toutes ces armées, écrivait-il, le 4 janvier 1813, au ministre de la guerre, beaucoup d'officiers, beaucoup de cavaliers à pied, beaucoup d'hommes d'équipages militaires, beaucoup d'hommes d'équipages d'artillerie, parfaitement inutiles ;

[1] Le général Doucet au prince Eugène et au major général. Erfurt, 4 et 6 février 1813. *Archives de la Guerre.*
[2] Le maréchal Kellermann au ministre de la guerre. Mayence, 11 février 1813. *Archives de la Guerre.*

faites revenir tout cela en France [1]. » En infanterie, par exemple, il n'y avait pas moins de quatre-vingt-trois régiments dans la péninsule ; résolu à n'y plus envoyer beaucoup de soldats, l'Empereur donna l'ordre d'en retirer le plus de cadres et de fragments de cadres qu'il serait possible. Ces fragments étaient pour les nouveaux corps d'une valeur incomparable ; tous se les disputaient à l'envi, mais tous n'en pouvaient pas obtenir.

Les avancements se faisaient jusqu'à la limite de la loi, au delà même. Ainsi l'Empereur écrivait au ministre de la guerre : « Les deux cents sous-lieutenants de Saint-Cyr, qui ont été envoyés aux vingt-deux régiments de cohortes, ne doivent pas empêcher d'utiliser les cent caporaux que j'ai envoyés pour être sous-lieutenants. Ces cent caporaux, ayant tout au moins dix années de service, ont ce que n'ont pas ces jeunes gens, et ce mélange sera fort avantageux au service. Quant aux troupes de la marine, il y faut envoyer des sous-lieutenants de Saint-Cyr. Ce corps, qui est composé de vieux soldats, tous instruits, a besoin de jeunes officiers et non de vieux caporaux [2]. »

On avait beau faire, il restait toujours de gran-

---

[1] L'Empereur au général Clarke. Paris, 4 janvier 1813. — 19,416. *Corresp.*, t. XXIV.
[2] L'Empereur au général Clarke. Paris, 18 février 1813. — 19,593. *Corresp.*, t. XXIV.

des lacunes à combler. Le 5 mai, trois jours après Lutzen, l'Empereur en faisait de vifs reproches au ministre : « En attendant, lui mandait-il, je me trouve sur le champ de bataille sans officiers. D'ailleurs, la campagne en usera beaucoup ; il faut donc en avoir pour les remplacer, sans faire des avancements trop rapides et qui n'atteignent pas le but... Si vous avez besoin d'officiers et de sous-officiers, l'armée d'Espagne est une pépinière inépuisable ; je vous autorise à en faire venir [1]. »

[1] L'Empereur au général Clarke. Borna, 5 mai 1813. — 19,969, *Corresp.*, t. XXV.

VII

INDISCIPLINE DES COHORTES PAR LA FAUTE DES OFFICIERS
RÉCLAMATIONS DU GÉNÉRAL LAURISTON

Les bons officiers sont partout nécessaires, mais là surtout où il y en a eu de mauvais d'abord. Tel était le cas des anciennes cohortes, dont les cadres, formés à l'origine d'officiers et de sous-officiers en retraite ou en réforme, avaient bien pu pousser leur instruction jusqu'à l'école de bataillon, mais étaient absolument incapables de les mener à la guerre. Il en était de ces cadres comme des vieux fusils qu'on leur avait donnés, les jugeant assez bons pour la manœuvre. Au moment de faire campagne, les nouveaux régiments se plaignaient qu'on leur eût laissé des chefs et des armes hors de service.

Ces griefs étaient d'autant plus fâcheux que la composition des cohortes était généralement bonne et leur esprit satisfaisant. Presque toutes étaient parties allègrement de leurs quartiers ;

mais, à peine en route, et comme enivrées par le mouvement, quelques-unes avaient commis des actes d'indiscipline que n'avaient pu réprimer des chefs qui n'avaient su ni leur inspirer le respect ni leur imposer l'obéissance. « J'ai l'honneur de rendre compte à Votre Majesté, écrivait à l'Empereur le ministre de la guerre, que, d'après un rapport qui m'a été transmis par M. le général Despeaux, il paraîtrait que les 34⁰ et 35⁰ cohortes [1], en route pour se rendre à Paris, sont très indisciplinées et animées du plus mauvais esprit; que, lors de leur passage à Cahors et à Brives, des soldats se sont permis de dire hautement et publiquement que, si on les faisait passer à Paris, ils tueraient leurs officiers. » Le ministre était d'avis de ne point céder ; l'Empereur décida, au contraire, qu'il valait mieux les mener directement d'Orléans à Metz. Les Parisiens n'en eurent donc pas le scandale [2].

Le vieux maréchal Lefebvre, revenant d'Allemagne, avait rencontré des cohortes sur sa route, et en ayant été mal satisfait, il en informait, comme il suit, le ministre de la guerre :

---

[1] La 34⁰ cohorte était formée des contingents du Gers et de Tarn-et-Garonne; la 35⁰ des contingents de l'Aude et des Pyrénées-Orientales.

[2] Rapport du ministre de la guerre à l'Empereur, 17 février 1813; en apostille, décision de l'Empereur du 18. *Archives historiques de la Guerre.*

« Je crois nécessaire de vous prévenir du désordre qui règne dans la marche des cohortes qui se rendent à Mayence. J'ai trouvé toute la route, depuis Châlons jusqu'à Paris, couverte de soldats marchant isolément, par groupes, sans ordre et sans chefs, appartenant aux 1r°, 8e, 9e, 12e, 13e et 14e cohortes. Les deux dernières, 13e et 14e, sont les seules que j'ai rencontrées hier marchant en troupe avec le chef à la tête. Il faut que les officiers de ces corps soient bien mauvais pour laisser régner un pareil désordre dans la marche de leurs soldats, qu'on aura beaucoup de peine à ramener par la suite à la discipline qu'on leur aura laissé oublier pendant longtemps. J'ai fait tout ce qu'il m'a été possible pour engager les officiers à qui j'ai pu parler à établir un peu plus d'ordre dans leur troupe ; mais ils m'ont dit que cela tenait à beaucoup de permissions données aux individus de toutes ces cohortes d'aller chez eux, ce qui me fait craindre qu'on n'ait la plus grande peine à les réunir ensuite [1]. »

Les cohortes avaient l'espoir qu'en arrivant sur le Rhin elles y changeraient d'armes et d'officiers ; pour des fusils, elles en reçurent en effet de bons à Wesel et à Mayence, mais d'offi-

[1] Le maréchal Lefebvre au ministre de la guerre. Paris, 1er février 1813. *Archives de la Guerre.*

ciers point. On leur fit entendre qu'elles en trouveraient à Magdebourg et l'Empereur lui-même en fit la promesse au général Lauriston, qui commandait en chef le corps de l'Elbe, en entier composé d'anciennes cohortes. « Vous parlez des mauvais officiers des cohortes, lui écrivait-il ; j'ai ordonné la réunion à Magdebourg d'un grand nombre de généraux, officiers supérieurs et officiers de tous grades. Une partie sera à votre disposition, et vous pourrez vous en servir pour remplacer les officiers dont vous ne serez pas content; moyennant ces changements, votre armée sera belle [1]. »

Si l'effet répondait aux promesses, le général ne doutait pas d'un excellent résultat. « Je viens de passer la revue du 151e régiment, écrivait-il le 13 février ; il présente un total de 2,522 hommes, officiers compris, présents sous les armes, et 217 à l'hôpital du lieu. Les hommes en sont de la meilleure espèce, d'une très grande vigueur, et parfaitement bien disposés. Les sous-officiers sont un peu jeunes, mais ils ont envie de bien faire. Quant aux officiers, c'est toujours la même composition que dans les autres régiments. Je n'en parlerai plus à Votre Excellence. Les mesures que Sa Majesté vient de prendre

---

[1] L'Empereur au général Lauriston. Paris, 8 février 1813. — 19,553. *Corresp.*, t. XXIV.

pour le remplacement de ceux qui sont incapables de servir rendront ces nouveaux régiments les plus beaux et les meilleurs de l'armée [1]. »

Cependant, plus de cinq semaines après, le 26 mars, le général Lauriston était encore obligé d'écrire au ministre de la guerre : « Votre Excellence me permettra bien de lui faire observer que, malgré le renvoi de vingt-cinq officiers, l'un portant l'autre, par régiment, il faudra en renvoyer encore vingt-cinq; que je suis obligé à chaque poste de faire répéter la consigne comme un caporal; que les officiers sont vieux et ne connaissent plus rien au service, et, ce qu'il y a de pis, que je n'ai pu encore réunir un régiment pour le faire manœuvrer, et cependant les reproches que je reçois font entendre que toute l'armée est complète et organisée... L'on pourra tout obtenir du soldat, mais le début n'est pas favorable pour la discipline. »

Enfin, le 13 avril, moins de quinze jours avant l'ouverture de la campagne, il insistait une dernière fois, et auprès du ministre et auprès du prince Eugène, sur tout ce qui manquait à son corps d'armée. « Lors des revues d'organisation des cohortes, écrivait-il au premier, chacune

---

[1] Le général Lauriston au ministre de la guerre. Hambourg, 13 février 1813. *Archives de la Guerre.* — Le 151ᵉ régiment était composé, pour la moitié de son effectif, des deux cohortes du département du Nord.

d'elles attendait, l'une portant l'autre, 200 hommes, c'est-à-dire 800 par régiment. Ce recrutement était même annoncé comme en route, mais il paraît qu'il a été détourné pour entrer dans de nouveaux corps. D'après les états de situation, Votre Excellence doit voir que les bataillons sont bien faibles; le nombre des malades lui paraît sans doute considérable, mais son étonnement cessera quand elle saura que, sur le grand nombre de malades, les deux tiers au moins étaient aux hôpitaux avant la réunion des cohortes en régiments. Je pense que sur ce nombre d'hommes portés comme malades avant la formation des cohortes, il y en a beaucoup qui sont retournés chez eux... Par le tableau des emplois vacants, Votre Excellence verra qu'il me manque quatre-vingt-trois capitaines et soixante-treize lieutenants... Le manque de capitaines est vraiment nuisible; ces officiers sont l'âme des compagnies[1]. »

[1] Le général Lauriston au ministre de la guerre. Kœnigsborn, 26 mars 1813; Aschersleben, 13 avril. — Au prince Eugène, 15 avril. *Archives de la Guerre.*

VIII

LES CONSCRITS — LES DÉPÔTS — LES RÉFRACTAIRES

S'il y avait tant de mécompte avec des régiments composés d'aussi bons éléments qu'étaient ceux des anciennes cohortes, que dire des corps formés presque absolument de conscrits? Il est vrai que les dépôts avaient d'excellents instructeurs, mais c'était le temps qui manquait pour l'instruction ; les conscrits, à parler exactement, ne faisaient que traverser les dépôts.

Une circulaire ministérielle avait prescrit aux généraux commandant les divisions militaires de ne diriger sur les corps aucun détachement de conscrits qui ne fussent depuis un mois au moins sous les armes, et qui n'eussent brûlé six cartouches à blanc et deux à la cible[1]. Prescription vaine ; ceux qui voulaient s'y tenir exactement s'exposaient à des reproches parce qu'ils retardaient le recrutement des corps[2].

[1] Rapport du ministre de la guerre à l'Empereur, 26 janvier 1813. *Archives de la Guerre.*
[2] Par exemple, le général commandant la 4ᵉ division mili-

Un autre obstacle à l'instruction, c'est que les officiers et sous-officiers des dépôts étant chargés de la conduite des recrues jusqu'à leur régiment, il y avait une partie considérable d'entre eux constamment en chemin pour aller et venir ; les détachements devinrent bientôt si nombreux et si pressés que tous les cadres des dépôts auraient été entièrement sur les routes, si l'on n'eût fait appel, pour les décharger d'une partie de ce service, à la bonne volonté des officiers et sous-officiers en retraite[1].

Un petit nombre de généraux, par un zèle mal entendu, s'extasiaient sur la bonne mine et même sur l'instruction des conscrits de 1813. A propos d'une revue des dépôts de Besançon, voici ce que le commandant de la 6ᵉ division militaire mandait au ministre, le 10 janvier : « En général, j'ai été satisfait de la belle tenue des troupes, du bon esprit qui les anime et des progrès qu'ont faits dans l'instruction les conscrits de 1813. Tous étaient en armes et le sac au dos ; ils ont

---

taire annonce au ministre, le 18 mars, par dépêche télégraphique, qu'il ne peut faire partir le 4ᵉ bataillon du 4ᵉ régiment de ligne, parce que les hommes n'auront que du 5 au 16 avril le mois de service exigé par les circulaires du 10 et du 15 février. Le ministre répond par la même voie, le 20 mars, en réitérant l'ordre de départ au reçu de la dépêche. Les hommes n'étaient donc au dépôt que depuis huit ou dix jours.

[1] Le général d'Hastrel, directeur général de la conscription, au général commandant la 13ᵉ division militaire, 11 mars 1813. *Archives de la Guerre.*

défilé avec autant d'ensemble qu'il est possible d'en attendre des troupes qui ont exercé pendant six mois, quoiqu'ils aient à peine quinze jours de service [1]. »

L'admiration de ce général pouvait être, après tout, légitime, mais, à coup sûr, la troupe dont il parlait était exceptionnelle. Son voisin de la 18e division ayant vu, le 22 janvier, à son passage à Dijon, le troisième bataillon du 16e d'infanterie légère, en rendait aussi compte au ministre : « Je l'ai trouvé bien armé, bien habillé et bien équipé. Les hommes sont petits, mais en général assez bien constitués et paraissent de bonne volonté; les officiers m'ont assuré qu'ils sont très dociles. L'instruction est presque nulle, parce que c'est tous jeunes gens de la conscription de 1813, dont le plus grand nombre n'est arrivé à leur dépôt que depuis deux ou trois semaines. J'ai remarqué parmi eux un certain nombre d'hommes petits, faibles et mal tournés. Votre Excellence trouvera ci-joint l'état de situation de ce bataillon ; elle remarquera que sa force n'est que de 514 au lieu de 840 hommes; le chef du bataillon et le major du corps qui se trouve ici m'ont assuré qu'il a été impossible de fournir plus de monde [2]. »

---

[1] Le général commandant la 6e division militaire au ministre. Besançon, 10 janvier 1813. *Archives de la Guerre.*

[2] Le général commandant la 18e division militaire au ministre. Dijon, 26 janvier 1813. *Archives de la Guerre.*

Un détachement du 17e de ligne qui partait, le 7 février, de Lille pour Erfurt, était obligé de laisser au dépôt 92 hommes compris d'abord parmi les disponibles, mais qui décidément étaient trop faibles et incapables de supporter la marche[1]. De même pour un détachement du 72e qui, étant de 600 hommes, on laissait à Bruxelles plus de 100 aux hôpitaux, et près de 200 « trop faibles de constitution pour soutenir de suite les fatigues de la guerre[2] ».

Sur 950 conscrits de 1813 que le dépôt du 132e avait reçus, il y en avait, au mois de février, près de 300 à l'hôpital de la Rochelle où la mortalité était excessive[3].

On n'a que le choix dans une foule de témoignages pareils.

Les levées décrétées coup sur coup avaient excité dans les départements de l'Ouest une grande agitation et notablement augmenté le nombre des réfractaires; des colonnes mobiles avaient été formées pour les poursuivre. L'une de ces colonnes, agissant sous les ordres du colonel de gendarmerie Cavalier, dans les dépar-

---

[1] Le général commandant la 16e division militaire au ministre. Lille, 7 février 1813. *Archives de la Guerre.*
[2] Le général commandant la 24e division militaire au ministre. Bruxelles, 8 février 1813. *Archives de la Guerre.*
[3] Le général commandant la 12e division militaire au ministre. La Rochelle, 9 et 21 février 1813. *Archives de la Guerre.*

tements de la Sarthe et de la Mayenne, était composée de six compagnies de voltigeurs empruntées à divers régiments. Voici un extrait des rapports du colonel Cavalier : « D'après l'acharnement que les brigands mettent dans le combat, je dois craindre un engagement avec les jeunes conscrits qui composent les compagnies de voltigeurs des 121e, 122e et 86e. Celle du 5e régiment d'infanterie légère est excellente : ce sont presque tous de vieux soldats ; les cinq autres sont composées, à l'exception des sous-officiers, de conscrits de 1813 qui, une heure avant leur départ du dépôt, ont reçu pour la première fois une arme... Outre que ces jeunes conscrits ne savent absolument pas se servir de leurs armes, il ne peuvent pas supporter les marches qu'il faudrait faire pour obtenir des succès... Il vaudrait beaucoup mieux n'avoir que cent hommes de bonnes troupes que les six cents que présentent ces cinq compagnies [1]. »

Cependant le ministre ne cessait de presser les bataillons à peine formés de se mettre en marche, et les dépôts de faire partir tous leurs hommes, vigoureux ou faibles, instruits ou non, pour Mayence.

---

[1] Le colonel Cavalier au général Henry, 14 et 16 février 1813. Archives de la Guerre.

IX

COMMANDEMENT DU MARÉCHAL KELLERMANN A MAYENCE
SOINS QU'IL PREND DES JEUNES SOLDATS
LES BATAILLONS D'ERFURT

Des trois grandes portes ouvertes de l'Empire sur l'Allemagne, Strasbourg, Mayence et Wesel, Mayence était la plus grande. Le maréchal Kellermann y commandait avec l'autorité supérieure sur toutes les divisions militaires riveraines du Rhin. « Tout tombe ici à la fois, écrivait-il au ministre, ce qui revient de l'armée, ce qui y va, les cohortes à organiser, les bataillons de marche à mettre en mouvement, les remontes à surveiller, la conscription à faire et presser, et, par-dessus tout cela, une foule d'officiers généraux et autres de tout grade, et employés militaires, n'ayant, les uns, ni ordres ni destination, les autres n'en voulant point attendre [1]. »

[1] Le maréchal se plaignait, en général, dans la même lettre, des colonels des régiments de la Grande armée, qui avaient ordre de retourner à Erfurt et qui essayaient d'y échapper,

En dépit de l'âge, le maréchal était de force et d'humeur à suffire à tout; aucun détail n'échappait à sa vigilance. Parmi les établissements militaires de toute sorte qui avaient été placés à Mayence, il y en avait un qu'il dénonçait au ministre comme particulièrement dangereux : c'était le dépôt général des blessés et des infirmes venant de l'armée. « Tous les bataillons et détachements qui arrivent ici et qui ne sont composés que de conscrits, disait-il, ont sous leurs yeux le spectacle de ces militaires mutilés, dont l'esprit est généralement fort mauvais, et qui, par leurs propos et leurs rapports, peuvent les décourager. Lorsque ces vieux soldats rencontrent des conscrits de leurs corps ou de leurs départements, ils s'en font entourer et leur racontent tout ce qu'il leur plaît de dire. L'esprit de ces jeunes conscrits est si bon que, pour ne pas le laisser corrompre, il faut qu'ils aient le moins de communication possible avec ces militaires infirmes, dont la plupart n'a plus connu de discipline et dont une partie apprend aux autres à rouler d'hôpitaux en hôpitaux et à échapper au service auquel ces conscrits sont appelés... Je regarde comme impolitique et dangereux le

---

« en passant en fraude ». Le maréchal Kellermann au ministre de la guerre. Mayence, 14 février 1813. *Archives historiques de la Guerre.*

maintien de ce dépôt général à Mayence[1]. »

Des bords de l'Elbe, de l'extrême frontière du royaume de Westphalie, pareille alarme était donnée par le général Lauriston. « J'ai trouvé à Magdebourg, écrivait-il au ministre, une confusion épouvantable produite par les militaires de tout grade qui refluent de la Grande armée... Je crois qu'il faudrait que les évacuations de Berlin se fissent par Leipzig et qu'il ne passât plus personne par Magdebourg, afin que les nouveaux soldats voient le moins possible des hommes malades ayant les pieds gelés[2]. »

Le maréchal Kellermann avait pour ces jeunes gens l'affection d'un aïeul; ceux qui venaient d'être formés autour de lui, sous ses yeux et pour ainsi dire par ses soins, étaient des modèles. En pressant dans les divisions militaires de son commandement leur arrivée au dépôt, il leur avait assuré sur tous leurs camarades une avance et une supériorité de service incontestables. Il était inouï, partout ailleurs, qu'au 10 février un détachement de conscrits eût déjà deux mois et demi d'instruction [3]. Le maréchal l'affirmait;

---

[1] Le maréchal Kellermann au ministre de la guerre. Mayence, 12 février 1813. *Archives de la Guerre.*

[2] Le général Lauriston au ministre de la guerre. Magdebourg, 20 février 1813. Deux lettres à cette date. *Archives de la Guerre.*

[3] Le maréchal Kellermann au ministre de la guerre Mayence, 10 février 1813. *Archives de la Guerre.*

comme il était véridique et ne cherchait pas d'ailleurs à faire sa cour, on pouvait l'en croire. Il y avait encore un bataillon du 28ᵉ léger dont il disait avec un certain orgueil : « Les conscrits sont animés de la meilleure volonté et leur instruction a été poussée avec un zèle et une activité infatigables... Ils exécutent déjà bien tous les feux, et ce bataillon formé sous mes yeux sera le plus beau et le plus en état de la division Souham [1]. » En effet, tout ce qu'il passait en revue de conscrits affluant de tous les points de l'Empire à Mayence était bien loin de ces modèles.

Les dépôts des vingt-huit régiments de la Grande armée, dont les deuxièmes bataillons devaient être réorganisés à Erfurt, avaient reçu l'ordre d'y envoyer chacun 700 hommes. Plus ou moins voisins du complet, ces détachements subissaient d'abord à Mayence l'inspection du maréchal Kellermann, qui en donnait son avis au ministre, puis ils continuaient jusqu'à Erfurt, d'où le général Doucet envoyait également son opinion sur leur compte. L'épreuve et la contre-épreuve, exactement concordantes, pouvaient se résumer dans cette note appliquée à l'un de ces détachements : « L'espèce d'hommes est bonne,

---

[1] Le maréchal Kellermann au ministre de la guerre. Mayence, 14 février 1813. *Archives de la Guerre.*

douce et d'un bon esprit; l'instruction n'est pas très avancée [1]. »

A Erfurt se trouvait aussi, au moment de leur arrivée, un troisième témoin, le général Arrighi, dont la parole était également fort comptée. Il constatait la faiblesse de l'instruction et, ce qui aggravait ce défaut, la pénurie des cadres. Entre quatre bataillons, il manquait 20 officiers, 257 sous-officiers et caporaux; dans un autre, celui du 85ᵉ de ligne, il n'y avait de sous-officiers que deux adjudants et quatre sergents [2].

Les derniers détachements arrivés auraient dû être les plus instruits : c'était tout le contraire. « Les deuxièmes bataillons des 17ᵉ, 25ᵉ et 72ᵉ régiments d'infanterie de ligne sont partis aujourd'hui pour Magdebourg, écrivait, le 16 mars, le général Arrighi; ces trois bataillons sont, de tous ceux qui ont passé par ici, les plus arriérés pour leur instruction; elle est presque nulle [3]. »

---

[1] 103ᵉ de ligne, 2ᵉ bataillon. Situation du 27 janvier 1813, à Mayence.

[2] Le général Arrighi au ministre de la guerre. Erfurt, 23 et 25 février 1813. *Archives de la Guerre.*

[3] Voici les annotations du 25ᵉ et du 72ᵉ : — 2ᵉ bataillon du 25ᵉ de ligne. Situation du 14 mars, à Erfurt. « Ils exécutent bien l'école du soldat sans armes, mais ils ne connaissent pas le maniement d'armes ni les charges. Ils n'ont reçu leurs fusils que huit jours avant leur départ du dépôt. » — 2ᵉ bataillon du 72ᵉ. Situation du 14 mars, à Erfurt. « N'ayant été armés que la veille de leur départ du dépôt, ils ne connaissent rien aux mouvements d'armes; ils connaissent très peu la marche; l'esprit est bon. » Ajoutons ce que nous apprennent les si-

Ce qui est rapporté ici de ces bataillons d'Erfurt pourrait l'être en général de tous les autres. A l'exception d'un très petit nombre, huit ou dix tout au plus, lesquels, ayant dans leurs rangs un reste de conscrits de 1812, s'élevaient jusqu'à l'école de bataillon, c'était, pour la moyenne, un grand honneur que d'atteindre à l'école de peloton. Une annotation, souvent reproduite, au moins quant au sens général, est celle-ci : « Quelques hommes de complexion un peu faible. Le bataillon n'a aucune idée des manœuvres; mais les neuf dixièmes font passablement le maniement d'armes et les charges [1]. » Les derniers, beaucoup trop nombreux, n'en étaient encore qu'à l'école du soldat, quelques-uns même à l'école du soldat sans arme.

tuations suivantes, à la date du 18 mars : 2ᵉ bataillon du 13ᵉ de ligne. « Leur instruction se borne à la charge qu'on leur a apprise exclusivement pour le maniement d'armes. » — 2ᵉ bataillon du 15ᵉ léger : « Plus d'un tiers connaît l'école de peloton et peut être employé desuite; le reste commence seulement à charger ses armes, sans connaître le reste du maniement. » — Enfin, au 1ᵉʳ avril : 2ᵉ bataillon du 123ᵉ. « Les hommes sont d'une bonne constitution, mais ils supportent difficilement les fatigues de la marche. Leur instruction se borne au maniement d'armes et aux feux qu'ils exécutent assez bien. » — 2ᵉ bataillon du 124ᵉ. « Les hommes sont bien constitués, en pleine santé et très propres à faire une campagne active. L'instruction se borne au maniement d'armes; peu d'entre eux savent exécuter la charge. »

[1] Annotation sur la situation du 2ᵉ bataillon du 26ᵉ léger, au 2 mars, à Erfurt.

X

ACTIVITÉ ET SITUATION DES DÉPOTS — ORGANISATION HATIVE DE L'INFANTERIE DE LIGNE

A la conscription de 1813, presque entièrement absorbée par les vingt-huit bataillons d'Erfurt et les quatre corps d'observation [1], avait immédiatement succédé dans les dépôts la levée des *quatre classes* destinée à refaire, avec des cadres tirés d'Espagne, les premiers, troisièmes et quatrièmes bataillons des vingt-huit régiments dont les deuxièmes bataillons avaient été refaits d'abord, et presque en même temps était survenue la conscription de 1814.

Les dépôts encombrés étaient aussi pressés que le ministre de la guerre et l'Empereur lui-même de se débarrasser au plus vite des hommes habillés, équipés et armés, — on n'ajoutait plus ayant un mois de service; — mais un grave empêchement contrariait leur hâte; il n'y avait plus assez d'habits, ni d'équipements, ni d'armes

---

[1] Rapport du ministre de la guerre à l'Empereur, 21 février 1813. *Archives de la Guerre*.

et tout cela manquait parce que l'argent manquait. Le général commandant la 16ᵉ division militaire s'excusait auprès du ministre de n'avoir fait partir du camp de Boulogne pour Wesel que des bataillons incomplets, quoiqu'il eût assez d'hommes : encore avait-il fallu, pour atteindre un certain effectif, désarmer et dépouiller de leurs habits, au profit des partants, les sous-officiers, les ouvriers et, en général, tous les hommes attachés aux dépôts [1]. Cependant, comme on voulait avoir des bataillons complets, on prenait des hommes déjà incorporés dans d'autres régiments, on arrêtait au passage et on détournait définitivement de leur destination des détachements entiers attendus par d'autres corps. C'est ainsi que, d'un seul coup, le ministre de la guerre dotait les quatre régiments de la marine au détriment de douze régiments d'infanterie dont il envoyait aux premiers les recrues [2].

C'était d'ailleurs une sorte de principe admis que les dépôts d'infanterie étaient un fonds commun, non seulement pour l'infanterie en général, mais aussi pour toutes les autres armes, cavalerie, artillerie, génie, train des équipages, etc.

[1] Le général commandant la 16ᵉ division militaire au ministre. Boulogne, 27 mars 1813. *Archives historiques de la Guerre.*

[2] Le ministre de la guerre au major général. Paris, 14 avril 1813. *Archives historiques de la Guerre.*

Chacun venait y puiser pour son compte [1]. Outre l'inconvénient moral de cette pratique, il ne résultait, pour ce qu'on pourrait appeler la *comptabilité-hommes*, une incessante cause d'erreur. Comme les livrets généraux de situation n'étaient faits qu'avec des situations partielles et dressées souvent à des dates différentes, le double emploi des mêmes hommes comptant ici dans un corps, quinze jours après dans un autre, n'était ni rare ni facile à éviter. De là, pour une part au moins, ces effectifs fictifs que nous avons déjà signalés et que nous aurons bientôt à signaler encore.

On peut imaginer ce que devait être l'instruction dans ce temps de tumulte et de presse. Des trois séries de bataillons à reformer, ce furent les quatrièmes qui se trouvèrent le plus tôt prêts; aussitôt on les expédia dans la 32ᵉ division militaire, c'est-à-dire dans les départements anséatiques, dont l'esprit tournait à la révolte. « Ces bataillons arrivent très fatigués, écrivait le général commandant à Osnabrück; je leur fais chaque jour accorder des voitures

---

[1] Sur 1,310 conscrits assignés au 12ᵉ régiment de ligne, et dont plus de 1,100 étaient déjà incorporés, 150 furent repris et envoyés à divers corps de cavalerie, au train d'artillerie, aux équipages militaires, etc. Le général commandant la 3ᵉ division militaire au ministre. Mézières, 6 avril 1813. *Archives historiques de la Guerre*.

extraordinaires pour le transport des plus faibles et des écloppés... Tous ces bataillons sont français ; je dois dire que les jeunes soldats annoncent du courage et de la bonne volonté. Tous les moments possibles sont employés à leur apprendre à charger leurs armes et à mettre en joue [1]. »

Ce fut ensuite le tour des premiers bataillons. Comme il se trouva que la part qui leur avait été attribuée dans la levée des *quatre classes* était insuffisante, l'Empereur décida qu'ils pourraient être « au besoin complétés avec des conscrits de 1814, mais en n'y plaçant que des hommes forts et grands, et en réservant les faibles pour les troisièmes et cinquièmes bataillons [2] ». Il ne semble pas qu'une mesure aussi simple ait dû être d'une exécution difficile ; cependant le général commandant la 4e division militaire se vit fort embarrassé, par exemple, n'ayant trouvé dans la conscription de 1814 que des adolescents de taille et de complexion médiocres, au lieu des hommes forts et grands qu'on lui prescrivait de choisir. « Dans l'état, écrivait-il au ministre,

---

[1] Le général de Laubardière au ministre de la guerre. Osnabrück, 15 avril 1813. *Archives de la Guerre*.

[2] Circulaire du ministre aux généraux commandant les divisions militaires, 21 avril 1813. *Archives de la Guerre*. — Les 5e bataillons constituaient les dépôts ; nous n'avons parlé jusqu'ici que des bataillons de guerre.

je dois rendre compte à Votre Excellence qu'il serait impossible de remplir cette condition pour plus d'une compagnie, quoique le nombre des hommes reçus de cette conscription soit de plus de 800 sur 950 [1]. » A quoi le ministre répliqua aussitôt : « En vous disant de compléter au besoin le premier bataillon avec des conscrits de 1814, grands et forts, il est bien entendu que ce sont les plus grands et les plus forts de ceux qui arrivent au dépôt [2]. » Simple question de grammaire, la différence du relatif à l'absolu ; les grands et les forts par comparaison pouvaient être, ce qu'ils étaient effectivement, petits et faibles.

« Monsieur le duc, écrivait au ministre de la guerre le ministre de la police, on a remarqué, et j'ai eu plusieurs fois occasion de m'en apercevoir moi-même, que l'état-major de la place de Paris faisait exercer les conscrits de nouvelle levée dans les Champs-Élysées, aux heures ordinairement consacrées à la promenade. Je suis convaincu du besoin d'instruire ces jeunes soldats, et ce n'est pas là-dessus que je ferai la moindre observation ; mais que l'on choisisse positivement le moment où les avenues de la promenade sont couvertes de monde pour y mon-

---

[1] Le général commandant la 4ᵉ division militaire au ministre. Nancy, 24 avril 1813. *Archives de la Guerre.*
[2] Le ministre au général commandant la 4ᵉ division militaire, 20 avril 1813. *Archives de la Guerre.*

trer ces soldats encore tout neufs et souvent moitié habillés, ce moment, dis-je, me paraît mal choisi et a beaucoup d'inconvénients, à cause des réflexions et des mauvais propos auxquels il donne lieu [1]. »

Au milieu de ces difficultés de toute sorte, il y avait un fait qui avait surpris et presque troublé l'Empereur : les fusils manquaient. « Cette situation est tout à fait alarmante, écrivait-il au ministre de la guerre; non seulement il n'y a pas un moment à perdre pour donner aux manufactures d'armes l'activité nécessaire pour que les produits des derniers mois (de l'année) soient de 150,000 fusils, mais même il faut activer cette fabrication par des moyens extraordinaires. Qu'est-ce que 150,000 fusils? Presque rien. Il en faudrait 300,000, afin de pouvoir armer la conscription de 1815 que je lèverai probablement au 1er janvier 1814, et en avoir 150,000 de reste en magasin [2]. » Et, trois jours après, toujours préoccupé de ce sujet grave, il écrivait encore : « Peut-être pourrait-on armer une partie des conscrits de 1814 avec des fusils étrangers, mais du même calibre, sauf à avoir en réserve à Mayence, Wesel et Strasbourg, qui sont les

---

[1] Le duc de Rovigo au duc de Feltre (confidentielle). Paris, 13 mai 1813. *Archives de la Guerre.*

[2] L'Empereur au général Clarke. Trianon, 10 mars 1813. — 19,689. *Corresp.*, t. XXV.

points de nos frontières d'où nos troupes sortent pour entrer en Allemagne, le nombre de fusils nécessaires de modèles français, pour armer les Français qui sortiraient [1]. » C'est ce qu'on avait déjà fait pour les cohortes.

[1] L'Empereur au général Clarke. Trianon, 13 mars 1813. 19,708. *Corresp.*, t. XXV.

XI

ÉTAT DE LA GARDE A LA FIN DE 1812 — MESURES POUR LA RÉTABLIR — ARTILLERIE ET TRAIN DES ÉQUIPAGES

L'infanterie de ligne étant expressément l'essentiel et, à certains moments, comme en 1813, le fonds commun des armées, il était nécessaire d'en parler avec un détail que n'exigent pas à beaucoup près les autres armes, ni la Garde impériale même.

Au mois de janvier 1813, l'Empereur s'étonnait des bruits qui couraient sur la Garde, qu'on disait fort réduite, et il n'y pouvait pas croire, l'ayant laissée, un mois auparavant, encore en bon état [1]. Le public avait cependant raison contre l'Empereur. « Monseigneur, écrivait d'Insterburg, le 21 décembre 1812, le maréchal Lefebvre au prince major général, j'ai l'honneur d'adresser à Votre Altesse l'état de situation détaillé de la Vieille Garde au 20 de ce mois. Mes-

---

[1] L'Empereur au major général. Paris, 11 janvier 1813. - 19,439. *Corresp.*, t. XXIV.

sieurs les généraux Curial et Michel sont venus me prévenir qu'en cas de grand froid aucun homme de la Vieille Garde ne pourrait faire feu, et que, dans ce moment-ci, il y avait tout au plus 500 hommes qui fussent en état. Tout le reste des présents (800 hommes environ) est gelé et gangrené à un tel point qu'ils périront tous, si on n'y apporte un prompt remède. On en fait partir aujourd'hui 200 des plus malades en traîneau pour Danzig, afin qu'on puisse leur faire au plus tôt l'amputation des doigts des pieds et des mains [1]. » Quant à la Jeune Garde, c'était l'inconnu ; on ne savait plus même où en chercher les restes.

Tout ce corps d'élite était donc bien plutôt détruit que réduit. Pour rétablir la Vieille Garde, l'Empereur tira 3,000 vieux soldats des armées d'Espagne [2] ; pour refaire la Jeune, il eut, comme pour le reste de son infanterie, recours à la conscription. Il résolut de former successivement trois divisions de conscrits choisis dans la classe de 1813 d'abord, puis dans la levée des 100,000 hommes, enfin dans la classe de 1814 [3]. L'infanterie au complet devait

---

[1] Le maréchal Lefebvre au major général. Insterburg, 21 décembre 1813. *Archives de la Guerre.*

[2] L'Empereur au major général. Paris, 9 janvier 1813. — 19,437. *Corresp.*, t. XXIV.

[3] L'Empereur au général Duroc. Paris, 16 janvier 1813. — 19,454. *Corresp.*, t. XXIV.

être portée à 36,000 hommes; l'effectif, au 1er mars, était de 18,600[1]. Cependant, le premier projet de l'Empereur n'ayant pas pu être entièrement réalisé, faute de sujets convenables, le décret du 3 avril relatif à la levée supplémentaire de 80,000 hommes du premier ban, en affecta spécialement 24,000 au recrutement de la Jeune Garde[2].

Conscrits de l'armée ou conscrits de la Garde, il n'y avait pas entre eux beaucoup de différence; ce que nous avons dit des uns doit faire connaître assez les autres. Conscrits encore, ces cinq cents cavaliers offerts à l'Empereur par la ville de Paris, et que l'Empereur, voulant donner à la ville de Paris « une marque de sa considération[3] », fit entrer dans un régiment des lanciers de la Garde.

Ce spécimen des cavaliers offerts par les départements et les villes ne saurait servir de terme de comparaison avec les autres; c'était l'échantillon trompeur d'une détestable marchandise. La plus grande partie des hommes étaient des non-valeurs, et les chevaux ne va-

---

[1] L'Empereur au général Duroc. Paris, 1er mars 1813. — 19,629. *Corresp.*, t. XXV.

[2] L'Empereur au général Clarke. Paris, 2 avril 1813. — 19,794. *Corresp.*, t. XXV.

[3] L'Empereur au général Clarke. Paris, 18 janvier 1813. — 19,548. *Corresp.*, t. XXIV.

laient guère mieux, au moins pour le service de la cavalerie. On en tira ce qu'on put de chevaux de trait, qui furent le lot de l'artillerie et du train des équipages.

De toutes les armes, ces deux-ci se trouvaient, proportion gardée, dans une situation relativement bonne. Il était heureusement resté dans les arsenaux et les parcs de l'Empire un matériel, assez considérable pour réparer en grande partie les pertes de l'année précédente. Dans les cohortes et parmi les canonniers de marine, l'artillerie avait rencontré d'excellentes recrues; les diverses levées en avaient fourni de suffisantes au train des équipages. Enfin, quant aux attelages, il s'était trouvé, en France et en Allemagne, un assez grand nombre de chevaux de trait, dont le plus grand défaut était d'être un peu jeunes.

XII

CAVALERIE — RAPPORTS DU MINISTRE DE LA GUERRE

L'arme la plus éprouvée et de beaucoup la plus difficile à rétablir était la cavalerie. Le général Lebrun, duc de Plaisance, chargé d'organiser en France les escadrons à diriger sur l'Allemagne, ne recueillait et n'envoyait au ministre que des informations peu satisfaisantes [1].

Pour la cavalerie plus encore que pour l'infanterie, le temps était l'indispensable condition du succès à atteindre; le zèle et l'expérience même des cadres tirés d'Espagne y pouvaient d'autant moins suppléer que, parmi les recrues fournies par la conscription, le plus grand nombre, tiré des dépôts d'infanterie, n'avait jamais monté ni pansé un cheval.

Il semblait d'ailleurs que tout conspirât contre le rétablissement de la cavalerie. Le général Bourcier, qui commandait le dépôt général des remontes dans l'Allemagne du Nord, était par-

---

[1] Situations diverses, du 13 et du 14 mars 1813. *Archives de la Guerre.*

venu à remettre en selle neuf ou dix mille anciens cavaliers démontés ; plusieurs milliers de chevaux lui devaient être livrés encore, lorsque la révolte de Hambourg détruisit subitement toutes ses espérances, arrêta l'exécution des marchés et jeta même le désordre parmi les résultats déjà obtenus.

En somme, il y avait des éléments de reconstruction, mais encore bruts, de petits groupes de cavalerie, incohérents et dispersés. « Si les circonstances exigent qu'on envoie à l'armée une partie du troisième corps avant que son organisation soit achevée, écrivait le général Arrighi, commandant de ce corps, il faudrait attendre, s'il est possible, qu'il soit arrivé un escadron par régiment, afin qu'il y ait un noyau par division et par brigade... Il est à désirer aussi qu'on laisse aux escadrons fournis par chaque régiment leur dénomination, plutôt que de leur donner des numéros provisoires; cette dernière mesure diminuerait le zèle et l'émulation des officiers, sous-officiers et cavaliers qui, n'étant pas sûrs de faire définitivement partie du régiment dont ils sortent, n'acquerraient point cet esprit de corps si nécessaire à donner surtout aux conscrits [1]. »

[1] Le général Arrighi au ministre de la guerre. Metz, 23 avril 1813. *Archives de la Guerre.*

Cavalerie ou infanterie, l'institution des régiments provisoires n'était, en effet, qu'un expédient imaginé par la hâte, mauvais pour l'administration des corps, pernicieux pour leur santé morale. A ce reproche, comme à tant d'autres, la réponse était toujours la même : le temps avait manqué.

En dépit des obstacles connus et des retards prévus au rétablissement des troupes à cheval, le ministre de la guerre avait eu la superbe assurance de soumettre à l'Empereur, le 12 mars 1813, un rapport dont les conclusions montraient, dans l'avenir, il est vrai, les forces totales de la cavalerie française s'élevant à 460 escadrons, 120,000 hommes, 118,000 chevaux, et pour l'armée d'Allemagne seulement, à 255 escadrons, 59,000 hommes, 58,400 chevaux. Ce n'était, il convient de le répéter, qu'une promesse hypothétique : « Tel sera, Sire, avait soin de dire le ministre, le résultat de la formation progressive des divers régiments de troupes à cheval, d'après les bases déterminées par Votre Majesté [1]. »

Il n'en était plus de même d'un autre rapport, daté du 30 mars et relatif à l'infanterie. Celui-ci n'était plus conjectural. L'armée d'Allemagne,

---

[1] Rapport du ministre de la guerre à l'Empereur, sur l'organisation de la cavalerie, 12 mars 1813, *Archives de la Guerre*.

divisions actives et garnisons des places, y était portée au chiffre de 392 bataillons, présentant un effectif de 298, 304 hommes. Toute l'infanterie française y était comptée à 869 bataillons, dont 700 de guerre et 169 de dépôt, ayant ensemble un effectif de 626, 212 hommes, et devant atteindre, au complet, le chiffre de 692, 560. « J'ai cru, Sire, ajoutait expressément le ministre, devoir entrer dans tous ces détails pour faire connaître à Votre Majesté la situation exacte de son infanterie [1]. »

L'Empereur donna des éloges au zèle du ministre et à l'habileté de ses bureaux [2]. Il ne lui déplaisait sans doute pas que ces chiffres énormes, excessifs, hyperboliques, fussent connus et commentés dans l'Empire et dans l'Europe entière, sujet d'orgueil pour les uns, de terreur pour les autres. Au surplus, il allait entrer en campagne, porter partout l'œil du maître, et comparer aux effectifs des bureaux l'effectif vrai des combattants.

[1] Rapport du ministre de la guerre à l'Empereur, sur l'organisation de l'infanterie, 30 mars 1813. *Archives de la Guerre.*
[2] L'Empereur au général Clarke. Paris, 31 mars 1813. — 19,790. *Corresp.*, t. XXV.

XIII

ORGANISATION DE LA GRANDE ARMÉE DE 1813
MANOEUVRES PRESCRITES PAR L'EMPEREUR

Un décret du 12 mars avait organisé définitivement les forces françaises en Allemagne. Le corps d'avant-garde et les quatre corps d'observation cessaient de porter les noms que leur avait d'abord donnés l'Empereur et rentraient dans le cadre général de la Grande armée. Des onze corps compris dans ce cadre, tous n'étaient pas appelés à jouer un rôle actif dans la prochaine campagne ; quelques-uns même n'y étaient inscrits que pour mémoire.

Ainsi le premier et le deuxième, qui devaient être composés chacun de trois divisions, commençant à se former seulement et ne pouvant faire de quelque temps la grande guerre, étaient destinés à surveiller, le premier, sous le maréchal Davout, le bas Elbe, le second, l'Elbe moyen, sous le maréchal Victor.

Le troisième corps n'était, sauf le nom, que

le premier corps d'observation du Rhin, ayant quatre divisions et le maréchal Ney pour chef.

De même, le quatrième, sous les ordres du général Bertrand, était le corps d'observation d'Italie ; mais des quatre divisions qui le composaient d'abord, il en devait perdre la moitié.

Le corps d'observation de l'Elbe, avec ses quatre divisions, restait sous le commandement du général Lauriston et devenait le cinquième corps de la Grande armée.

Le sixième, également composé de quatre divisions, aux ordres du maréchal Marmont, s'appelait, la veille, le deuxième corps d'observation du Rhin.

Le septième, sous le général Reynier, ne se composait pour le moment que de la division française Durutte très affaiblie, et attendait deux divisions saxonnes.

Le huitième et le neuvième devaient être entièrement formés, l'un de Polonais, l'autre de Bavarois, mais n'existaient vraiment pas encore.

Quant au dixième, c'était une place honorable réservée, pour mémoire, à la garnison de Danzig.

L'ancien corps d'avant-garde, devenu onzième corps et composé de trois divisions, devait avoir pour chef le maréchal Macdonald, au lieu du maréchal Gouvion Saint-Cyr, désigné d'abord [1].

Enfin, six semaines environ après ce décret, et au moment d'entrer en campagne, l'Empereur créa, pour le maréchal Oudinot, un douzième corps en dédoublant le quatrième [2].

La Grande armée, dans l'intervalle, avait subi elle-même un dédoublement; il y avait, depuis le 26 mars, une armée de l'Elbe et une armée du Main. La première, sous les ordres du prince Eugène, comprenait, nominalement le premier et le deuxième corps, effectivement le cinquième, le septième, le onzième, et, quand ils pourraient être prêts à marcher, les deux corps de cavalerie que s'efforçaient d'organiser les généraux Sébastiani et Latour-Maubourg. L'armée du Main, sans général en chef désigné, était composée du troisième, du quatrième et du sixième corps; le douzième y fut, lors de sa création, naturellement compris [3].

En prévision d'une campagne dont le début au moins allait exposer, sans cavalerie, aux charges d'une cavalerie nombreuse une infanterie jeune, sans instruction ni éducation mili-

[1] Décret sur la composition de la Grande armée. Trianon, 12 mars 1813. — 19,698. *Corresp.*, t. XXV.

[2] L'Empereur au major général. Mayence, 24 avril 1813. — 19,900. *Corresp.*, t. XXV.

[3] L'Empereur au major général. Paris, 26 mars 1813. — 19,763. *Corresp.*, t. XXV.

taire, l'Empereur avait de bonne heure prescrit à tous les généraux, à tous les chefs de corps, de consacrer par semaine deux jours à l'exercice à feu, deux au tir à la cible, les trois autres à la manœuvre. Le ploiement et le déploiement du bataillon, le reploiement en colonne d'attaque, et surtout la formation rapide, sans hésitation, du carré, tel était le programme exclusivement recommandé par l'Empereur. « Annoncez, disait-il à ses généraux[1], que ce sont ces manœuvres plus particulièrement que je ferai faire devant moi... De toutes la plus importante c'est le ploiement en carré par bataillon... Comme je suppose que les officiers sont peu manœuvriers, faites-leur en faire la théorie et qu'on la leur explique tous les jours, de manière que cela leur devienne extrêmement familier. »

[1] L'Empereur au général Lauriston, 8 février 1813. — Au général Bertrand, 2 et 27 mars. — Au maréchal Ney, 13 mars. — Au maréchal Marmont, 17 avril. — 19,553. — 19,613. — 19,714. — 19,775. — 19,868. *Corresp.*, t. XXIV-XXV. — Ordre donné aux 4 divisions du premier corps d'observation du Rhin. Mayence, 6 mars 1813. *Archives de la Guerre.*

XIV

OBSERVATIONS DES COMMANDANTS DES CORPS D'ARMÉE MÉCONTENTEMENT DE L'EMPEREUR — EFFECTIF RÉEL DE LA GRANDE ARMÉE

Si l'on s'en tenait absolument aux ordres de l'Empereur, sans s'inquiéter de savoir s'ils étaient en effet exécutés ou s'ils pouvaient même l'être, on risquerait fort, tantôt de demeurer en deçà de la vérité, tantôt de passer au delà, mais non pas à coup sûr de marcher avec la vérité même.

Nous avons déjà cité les plaintes du général Lauriston : « Votre Altesse, écrivait-il encore au prince Eugène, doit juger combien il est pénible pour moi de voir que les bataillons de la plus nouvelle formation seront plus tôt et mieux exercés que ceux du cinquième corps, d'abord parce qu'ils ont des officiers et sous-officiers, et ensuite parce qu'ils en ont le temps. Cependant Sa Majesté doit croire avec raison que, depuis le temps où les cohortes sont réunies en régiment, il doit y avoir un ensemble dans les manœuvres, dans la composition des régiments ; cela n'existe nullement[1]. »

Le même jour, précisément, le maréchal Marmont écrivait de son côté au major général : « Je crois qu'il est de mon devoir de vous prier de représenter à Sa Majesté qu'elle ne doit pas considérer mon corps d'armée, dans l'état actuel des choses, comme étant en état de combattre...

« 1° Les corps manquent d'officiers. De vieilles troupes bien instruites ne seraient pas capables de marcher avec un si petit nombre d'officiers, à plus forte raison de nouvelles... Il y a environ quatre-vingts emplois pour lesquels les corps ne peuvent pas présenter de sujets. Sa Majesté a ordonné d'envoyer sur les deux corps d'observation du Rhin un assez grand nombre d'officiers : tous ont été envoyés au premier corps... Si Sa Majesté veut que ces troupes s'organisent promptement, il faut qu'elle m'autorise à faire recevoir dans les corps les sujets pour lesquels il a été envoyé des mémoires de proposition.

« 2° Les première et deuxième divisions ont

---

[1] Le général Lauriston au prince Eugène, 15 avril 1813. *Archives de la Guerre.*

seules leur artillerie ; la troisième n'a ni un canon ni un caisson de cartouches.

« 3° Je n'ai pas un seul homme de cavalerie...

« 5° Tous les corps manquent tout à fait de chirurgiens.

« 6° Il n'y a pour tout le corps d'armée qu'un seul adjoint à l'état-major. Il n'existe pas un commissaire des guerres ni aux divisions ni au quartier général.

« Votre Altesse sentira qu'il y a ici une grande réunion d'hommes, mais qu'il n'y a pas une armée organisée, et qu'il serait funeste au bien du service de Sa Majesté de mettre ces troupes en situation de rencontrer l'ennemi avant d'être régulièrement constituées pour tout ce qu'il faut[1]. »

C'était le 15 avril, le jour même où l'Empereur partait de Paris pour l'armée, dix-sept jours avant la bataille de Lutzen, que les commandants du cinquième et du sixième corps écrivaient ainsi. Ce qu'ils mandaient était la vérité même; l'Empereur, qui affectait d'en douter, eut bientôt lieu de s'en convaincre.

D'Erfurt, où il était arrivé le 25 avril, après avoir employé à Mayence huit jours à corriger

---

[1] Le maréchal Marmont au major général. Hanau, 15 avril 1813. *Archives de la Guerre.*

bien des erreurs, il écrivait au ministre de la guerre : « Je viens de voir le 37ᵉ d'infanterie légère[1] ; il est impossible de voir un plus beau corps en soldats, mais il est impossible en même temps d'en voir un plus mauvais en officiers. Si votre bureau avait pris à tâche de nommer les officiers les plus ineptes de France, il n'aurait pas mieux réussi : ces officiers sont la risée des soldats... La plupart des capitaines n'ont jamais vu le feu... Je vais être obligé de destituer et de renvoyer tous ces officiers. Vous m'envoyez aussi des jeunes gens qui sortent des collèges et qui n'ont pas été à l'école Saint-Cyr, de manière qu'ils ne savent rien, et c'est dans de nouveaux régiments que vous les placez[2] !... »

Ce n'était pas le seul reproche que l'Empereur eût à faire au ministre et à ses bureaux. Le moment était venu de vérifier l'exactitude des situations fournies par eux, de compter au juste le nombre des combattants qu'il était possible de réunir à jour fixe sur un champ de bataille.

Les seules forces dont l'Empereur pût disposer à la fin d'avril étaient : de l'armée de l'Elbe,

---

[1] Du corps du maréchal Marmont. C'était le régiment formé de plus de cent détachements tirés des compagnies de réserve des départements.

[2] L'Empereur au général Clarke. Erfurt, 27 avril 1813. Corresp., t. XXV.

les cinquième, septième et onzième corps, avec quelque cavalerie amenée par Latour-Maubourg ; de l'armée du Main, les troisième, quatrième, sixième et douzième corps ; enfin la Garde impériale.

D'après le livret de situation générale de la Grande armée, dressé au ministère, le total des présents sous les armes, dans les corps qui viennent d'être nommés, aurait été, à la date du 15 avril 1813, de 232,836 hommes ; mais si l'on vient à rapprocher de cette situation générale les situations partielles et originales des corps à la même date, certifiées et envoyées par les chefs d'état-major, on est tout surpris de trouver des chiffres très différents, incroyablement inférieurs. Ainsi, pour le troisième, le sixième et le septième corps, les seuls malheureusement dont les situations originales aient été conservées, la différence totale est de 32,580 hommes, indûment portés dans la situation générale[1], de sorte qu'en procédant par analogie pour les quatre autres corps dont les situations originales n'ont pas été retrouvées, il est permis de réduire de

[1] En examinant attentivement la situation générale, on trouve en maints endroits, comptés avec les présents au corps, des détachements qui sont signalés comme étant en marche et ne devant arriver que quinze jours ou un mois après. C'est là une des principales causes d'erreur et d'exagération dans les chiffres donnés par les bureaux du ministère ; mais ce n'est pas la seule.

60,000 hommes pour le moins, et de ramener par conséquent à 170,000 le total, aussi rapproché de la vérité que possible, des présents sous les armes. Encore n'y faut-il compter que 140,000 Français, le surplus étant composé de Bavarois, de Wurtembergeois, d'Allemands de la Confédération du Rhin, d'Italiens et d'Espagnols[1].

[1] Le troisième corps avait une division bavaroise, une division wurtembergeoise, une division des contingents de la Confédération et quelques sapeurs espagnols, soit 16,918 étrangers. Le quatrième corps avait une division italienne de 13,000 hommes; le sixième, un régiment espagnol de 750 hommes environ.

XV

PREMIERS ENGAGEMENTS — COMBAT DE WEISSENFELS

Au moment où l'Empereur avait quitté Paris, des escarmouches engagées ou soutenues par des partis prussiens et russes qui avaient passé l'Elbe au-dessous de Magdebourg annonçaient la reprise des hostilités. Dans ces premières rencontres avec l'ennemi, les jeunes soldats n'avaient montré ni étonnement ni hésitation[1] ; pourvu qu'ils eussent du canon, la cavalerie ne paraissait pas leur donner trop d'inquiétude, mais il leur fallait beaucoup de canon. Aussi le maréchal Davout, à qui le prince Eugène reprochait d'avoir retenu pour ses troupes un convoi d'artillerie de passage à Minden, répondait nettement : « Informé par le général Vandamme qu'il n'avait pour toute artillerie que deux pièces de 8 et de 4, j'eusse certainement manqué à mes de-

[1] Rapport du général Pouchelon au général Haxo, gouverneur de Magdebourg, 13 avril 1813. — Le général Sébastiani au chef d'état-major du prince Eugène, 19 avril. — Le général Vandamme au ministre de la guerre, 23 avril. *Archives de la Guerre.*

voirs si je n'avais pas fait l'impossible pour procurer aux trente et quelques bataillons qui étaient déjà sur le Weser une artillerie suffisante... Tous ces bataillons sont, sans restriction, des recrues, pleines de bonne volonté; mais si on les menait contre de l'artillerie ennemie sans en avoir, on détruirait pour jamais leur moral et on s'exposerait à de grands malheurs. Enfin, j'ai tellement la conviction que j'ai fait ce que je devais que, si c'était à recommencer, je me croirais coupable de ne pas le faire [1].

L'Empereur ne pensait pas autrement que le maréchal Davout. La cavalerie lui manquant, il fallait se fortifier d'ailleurs : « Nous livrerons des batailles d'Égypte, disait-il ; une bonne infanterie, soutenue par de l'artillerie, doit savoir se suffire. » Aussi avait-il soigné plus que tout le reste l'artillerie de la Grande armée, qui était belle et nombreuse.

Cent mille Russes et Prussiens, venant de Dresde par Leipzig, s'avançaient dans les vastes plaines qui bordent à cette hauteur la rive droite de la Saale. C'était pour le déploiement de leur nombreuse cavalerie un théâtre à souhait : l'Empereur cependant avait résolu d'y commettre son infanterie à la fortune d'une bataille. A la tête

---

[1] Le maréchal Davout au prince Eugène. Lunebourg, 1ᵉʳ mai 1813. *Archives de la Guerre*.

de l'armée du Main, il marchait au-devant de l'armée de l'Elbe, que lui amenait le prince Eugène. Le 29 avril, la division Souham, la première du troisième corps, ayant franchi la Saale, rencontra, près de Weissenfels, un gros corps de cavalerie russe. Formés en carré, les bataillons français résistèrent d'abord à toutes les charges, puis, l'artillerie aidant, et prenant l'offensive à leur tour, ils forcèrent, après quatre heures de combat, l'ennemi à la retraite.

Aux yeux du maréchal Ney, l'épreuve était décisive. Aussi joyeux du résultat qu'il en était inquiet naguère, il s'empressait d'écrire, le soir même, au major général : « Cette affaire, qu'on peut considérer comme un grand succès par l'importance de son effet moral, fait le plus grand honneur à la division Souham. Je n'ai jamais vu à aucune troupe un enthousiasme égal à celui de ces bataillons, se trouvant pour la première fois devant l'ennemi, marchant sur la cavalerie et l'artillerie aux cris de : *Vive l'Empereur!* et répétant ce cri après la retraite de l'ennemi comme un chant de victoire. Ce spectacle était digne des yeux de Sa Majesté et doit fixer son opinion sur ces jeunes soldats, devenus vieux en un seul jour[1]. »

---

[1] Le maréchal Ney au major général Berthier, 29 avril 1813. *Archives de la Guerre.*

Excès de louange auquel le maréchal, comme tous les généraux, comme l'Empereur lui-même, se croyait obligé. Il savait bien qu'un seul jour ne suffit pas à faire un vieux soldat d'un conscrit; il savait bien que cette bravoure enthousiaste, cet enivrement d'une première affaire ne peut pas être confondu avec le courage soutenu, froid, raisonné, de tous les jours et de toutes les heures; que ce courage même ne fait pas tout le soldat, qu'il y faut ajouter d'autres vertus militaires, la patience, la persévérance, l'obéissance surtout et le respect de la discipline, et qu'à moins d'un miracle, ces vertus-là, qui ne sont pas innées chez le conscrit, il ne saurait les acquérir en un jour.

Le 30 avril, l'Empereur écrivait au major général : « Vous annoncerez au vice-roi l'affaire du prince de la Moskowa où les soldats se sont couverts de gloire; » et le même jour il écrivait au prince de la Moskowa : « On se plaint que vos troupes commettent beaucoup de désordres, de sorte que les villages désertent ; c'est un grand malheur, mettez-y ordre [1]. » Voilà, en raccourci l'armée de 1813 telle on va la retrouver à Lutzen et après Lutzen.

[1] 19,027 et 19,029. *Corresp.*, t. XXV.

XVI

ATTITUDE ET CONDUITE DE L'INFANTERIE A LA BATAILLE
DE LUTZEN — EXCÈS ET PRODIGALITÉ DE LOUANGES
SOBRIÉTÉ DU MARÉCHAL MARMONT

Au lieu d'une seule division, ce fut tout le troisième corps qui porta, le 2 mai, le poids de la bataille; du moins fit-il et souffrit-il, lui seul, autant que le quatrième, le sixième, le onzième corps et la Garde ensemble. Il y eut un moment bien critique, où, cédant aux attaques redoublées et furieuses de l'ennemi, il perdit l'un après l'autre quatre des cinq villages dont la défense lui était confiée; il y eut alors un désordre dont la trace a dû, même après la victoire, rester inscrite dans le bulletin de la bataille : « Notre centre fléchit; quelques bataillons se débandèrent. » Voilà le trait gravé, il n'en faut pas davantage. « Mais, reprend tout de suite le narrateur officiel, cette valeureuse jeunesse, à la vue de l'Empereur, se rallia en criant : *Vive l'Empereur !...* Sa Majesté ne saurait trop faire d'éloge de la bonne volonté, du courage et de l'intrépidité de l'armée. Nos jeunes soldats ne considéraient pas le danger. Ils ont, dans cette grande circonstance, révélé toute la noblesse du sang français... Il y a vingt ans, a dit l'Empereur, que je commande les armées françaises ; je n'ai pas encore vu autant de bravoure et de dévouement [1]. »

Enfin, le 3 mai, il y eut la proclamation fameuse : « Soldats, je suis content de vous ! vous avez rempli mon attente ! Vous avez suppléé à tout par votre bonne volonté et par votre bravoure... La bataille de Lutzen sera mise au-dessus des batailles d'Austerlitz, d'Iéna, de Friedland et de la Moskowa [2]. » Quelle que fût la grandeur du service rendu, l'Empereur ne le payait-il pas au delà de sa valeur ?

Après le chef suprême de l'armée, les maréchaux et les généraux commandants de corps ne pouvaient que se mettre à l'unisson. « Chaque soldat, écrivait le chef d'état-major du prince Eugène, chaque soldat était un héros; tous ont fait leur devoir; pas un seul homme en arrière, et ce n'était qu'avec peine qu'on pouvait trouver à faire accompagner les blessés hors du dan-

---

[1] Bulletin de la Grande armée. Lutzen, 2 mai 1813. — 19,951. *Corresp.*, t. XXV.

[2] Proclamation à l'armée. Du camp impérial de Lutzen, 3 mai 1813. — 19,952. *Corresp.*, t. XXV.

ger [1]. » — « Sa Majesté, disait le maréchal Ney, a été témoin de l'enthousiasme des troupes, et elle aura reconnu avec plaisir à leur noble élan cette valeur française qui ne se dément jamais et qui peut remplacer jusqu'à l'expérience [2]. » La valeur pouvant suppléer à l'expérience, voilà le souhait irréalisable, le rêve impossible; dans l'ordre militaire, en un mot, la pierre philosophale.

Un tour plus ingénieux distinguait les compliments du général Lauriston : « Les renseignements obtenus des habitants, écrivait-il, sont que les officiers russes et prussiens sont humiliés et disent qu'il est déshonorant pour eux d'être *assommés par des enfants* [3]. »

Le plus sobre de tous était le maréchal Marmont. « Ainsi, disait-il en terminant son rapport, ainsi a fini cette belle journée, où le sixième corps a eu l'honneur de tirer les premiers coups de canon et les derniers coups de fusil. Je ne saurais donner trop d'éloges aux troupes dont Sa Majesté a daigné me confier le commandement. Les soldats de marine se sont montrés dignes de l'armée de terre à laquelle Sa Majesté les a atta-

---

[1] Rapport au major général. Armée de l'Elbe, 2 mai 1813. *Archives de la Guerre.*

[2] Le maréchal Ney au major général. Lutzen, 3 mai 1813. *Archives de la Guerre.*

[3] Le général Lauriston au major général. Polenz près Brandeis, 5 mai 1813. *Archives de la Guerre.*

chés, et les nouveaux soldats marchent d'un pas ferme sur les traces des anciens [1]. » Admirable effet de la simplicité et de la mesure ! Tout à l'heure nous risquions d'être injustes, tant les flatteries hyperboliques nous avaient mis en défiance; voilà un éloge qui nous ramène sans effort au sentiment d'estime, à la vive et franche sympathie qu'ont méritée, dans cette journée de Lutzen, les jeunes bataillons de 1813.

En même temps, comme il n'avait pas à se reprocher d'avoir contribué, pour sa part, à tourner la tête à ses troupes et à les pousser, par excès d'orgueil, à l'indiscipline, le maréchal Marmont pouvait, de la même plume qui venait de rendre justice à leur bravoure, les rappeler sévèrement à l'observation de leurs devoirs. « M. le maréchal commandant en chef le sixième corps témoigne son mécontentement aux troupes à ses ordres pour les désordres qu'elles commettent journellement. Si la bonne conduite qu'elles ont tenue sur le champ de bataille est faite pour leur mériter la bienveillance de Sa Majesté, la continuation des désordres attirerait sur elles toute sa sévérité [2]. » Cet ordre du jour, après le rapport sur la bataille, est d'un chef qui sait parfaitement

---

[1] Le maréchal Marmont au major général. Au camp sous Dresde, 8 mai 1813. *Archives de la Guerre.*

[2] Ordre du jour pour le sixième corps, 8 mai 1813. *Mémoires du maréchal Marmont*, t. V, p. 87.

ce qu'il doit à ses soldats et ce que ses soldats lui doivent : ce sont deux morceaux qui font à l'esprit qui les a dictés le plus grand honneur.

La sévérité de l'Empereur, éveillée d'elle-même, n'avait d'ailleurs pas attendu l'appel du maréchal Marmont. Voici un ordre général daté du 6 mai, quatre jours seulement après la bataille de Lutzen, et qui montre à quelle profondeur le désordre avait déjà envahi cette armée jeune, victorieuse, et gâtée par la louange.

« Beaucoup de soldats se répandent dans les campagnes à droite et à gauche ; d'autres suivent en traineurs. C'est la faute des officiers qui laissent sortir les hommes des rangs ; c'est la faute de MM. les généraux qui n'ont point d'arrière-garde pour ramasser les traineurs. Les soldats se permettent de décharger leurs armes en tirant le coup du fusil, au lieu de se servir de tire-bourre ; d'autres s'écartent dans les campagnes et tirent des coups de fusil sur les bestiaux. C'est un crime, parce qu'un coup de fusil à la guerre est un signal d'alerte ; c'en est un, parce qu'on risque de tuer ou de blesser les gens qu'on ne voit pas, et parce qu'enfin c'est un acte de maraude...

« Sa Majesté ordonne que tout soldat qui tirerait un coup de fusil, en maraude, ou pour décharger son arme, sera puni de prison et dégradé.

Si le coup de fusil a blessé ou tué quelqu'un, le soldat sera puni de mort [1]. »

[1] Ordre général donné à Waldheim, 6 mai 1813. — Ordres du jour de la Grande armée. *Archives de la Guerre.*

XVII

PERTES DE L'ARMÉE FRANÇAISE A LUTZEN — LES DÉSERTEURS — LES FAUX BLESSÉS — LA BONNE VOLONTÉ DU SOLDAT CONTRARIÉE PAR LA FAIBLESSE PHYSIQUE

« Une victoire remportée par une armée non disciplinée et mal exercée coûtera beaucoup plus de sang qu'une autre[1]. » Si cette vérité n'était pas l'évidence même, il suffirait de citer à l'appui la victoire de Lutzen.

Le 20 avril 1813, le troisième corps avait 48,000 hommes présents sous les armes[2] : le

---

[1] Discours de M. de Jaucourt à l'Assemblée législative, dans la discussion sur l'armée, du 19 au 24 janvier 1792.

[2] La situation originale du 20 avril porte le nombre des présents à 57,137 hommes; c'est qu'elle comprend dans le détail du troisième corps des éléments qui n'y étaient que momentanément et nominalement attachés; nous voulons parler de la 29e division, composée de Bavarois, de la 38e division, composée de Wurtembergeois, avec des détachements de cavalerie et d'artillerie bavaroise, le tout s'élevant à 8,532 hommes. Les seuls éléments essentiels et constitutifs du troisième corps étaient : quatre divisions d'infanterie française, ensemble cinquante-neuf bataillons, forts de 37,459 combattants; une division allemande de dix bataillons, forte de 6,950 hommes des contingents de la Confédération du Rhin; à peu près 1,200 cavaliers français et badois; l'artillerie, le génie, les équipages,

4 mai, le maréchal Ney estimait ses pertes à 2,757 tués et 16,898 blessés, en somme, 19,655 hommes morts ou hors de combat[1]. Il est vrai que le lendemain, des appels ayant été faits et des états numériques recueillis par le chef d'état major, ce chiffre formidable se trouva réduit à 15,566 au total, en détail à 1,533 morts sur le champ de bataille, 11,512 blessés, 2,521 prisonniers ou égarés[2]. Malgré la réduction, quelle perte énorme ! 15,566 hommes sur 48,000, le tiers des combattants, ou peu s'en faut, et, si l'on ne compte que l'infanterie française, 13,240 hommes sur 37,400, beaucoup plus que le tiers !

L'armée de l'Elbe, cinquième et onzième corps ensemble, avait perdu 4,623 hommes; quant aux corps de l'armée du Main, à l'exception du troisième, il est impossible de compter exactement leurs pertes; mais on peut établir un minimum. Ainsi pour le quatrième, peu maltraité d'ailleurs

---

la gendarmerie; au total 48,605 hommes. C'est avec cette composition, sinon avec cette force, diminuée par le combat de Weissenfels, que le troisième corps a joué le premier rôle dans l'action de Lutzen.

[1] Le maréchal Ney au major général. Lutzen, 4 mai 1813. — Deux généraux de division et quatre généraux de brigade ayant été blessés, il ne se trouvait plus qu'une seule brigade sur huit qui eût à sa tête un officier général; les autres étaient commandées par des colonels et même par des majors.

[2] Le maréchal Ney au major général. Leipzig, 5 mai 1813. « Nos pertes sont heureusement moins fortes qu'on ne l'avait pensé. » — Etat numérique des militaires du troisième corps tués, blessés et prisonniers ou égarés à l'affaire de Lutzen, le 2 mai 1813. *Archives de la Guerre.*

et tard venu sur le champ de bataille, il n'y a d'états que pour sept ou huit bataillons; le chiffre de 500 hommes ne peut donc pas être pris comme un total. Mais pour le sixième corps, après le troisième le plus engagé et le plus éprouvé de tous, l'insuffisance des états est flagrante; à peine y a-t-il vingt bataillons relatés sur quarante, et de ces vingt bataillons même, beaucoup n'ont fourni que des informations partielles, ceux-ci les morts seulement, ceux-là les blessés, d'autres les prisonniers ou disparus; en sorte que le chiffre de 1,730 hommes qui résulte de ces fragments rapprochés ne doit être lu que comme quelqu'une de ces inscriptions frustes où la restitution du texte est presque toute à faire [1].

Pour la Garde, on sait moins encore. Tout ce qu'on peut voir dans une situation particulière à la première division de la Jeune Garde qui avait été fort engagée au soutien du troisième corps, c'est qu'elle comptait trois jours après la bataille, 7,863 hommes sous les armes et 3,040 aux hôpitaux. Entre ceux-ci quelle est la part des blessés? et puis où sont les morts?

Cependant il faut conclure. En estimant à 25,000 hommes les pertes de l'armée française à

---

[1] Pièces et documents divers dans le carton, *État des pertes, campagne de 1813. Archives historiques de la Guerre.*

Lutzen, nous restons certainement et de beaucoup en deçà de la vérité.

Dans le détail de certains corps, on remarque cette désignation vague : *disparus, égarés*; lisez le plus souvent *déserteurs*. Quoi qu'il en soit de ceux de Lutzen, égarés ou disparus, nous allons les retrouver peut-être. Voici ce que, le 17 mai, de Mayence, le maréchal Kellermann écrivait au major général : « J'ai l'honneur d'informer Votre Altesse que des hommes isolés de l'infanterie et de la cavalerie, sans armes, mais complètement habillés et équipés, reviennent de l'armée et rentrent à Mayence, sans feuilles de route ni ordres quelconques. J'ignore comment ces militaires ont pu quitter leur corps et venir de gîte en gîte et sans obstacle jusqu'ici... Je fais arrêter ceux dont le retour porte le caractère de la désertion... Ces isolés, voulant justifier leur fuite, répandent sur la route tous les bruits qui sembleraient l'autoriser[1]. »

Dans toutes les guerres on a vu des déserteurs; mais il y avait ici un fait nouveau et grave, la désertion dès l'entrée en campagne.

Ceux qui se présentaient ainsi avaient du moins la franchise de la désertion en quelque sorte ; il y en avait beaucoup d'autres qui se

---

[1] Le maréchal Kellermann au major général. Mayence, 17 mai 1813. *Archives de la Guerre.*

glissaient et se dissimulaient dans les convois de blessés ; mais ils n'en échappaient pas davantage à la vigilance du vieux maréchal. La plupart des blessés même l'étaient si légèrement qu'ils n'auraient pas dû quitter leur corps ni dans aucun cas être renvoyés en France, car il y avait des ordres formels de l'Empereur pour n'y laisser rentrer ni blessés ni malades de la Grande armée. Des hôpitaux pour 20,000 hommes avaient été établis à Magdebourg, à Erfurt, à Hanovre, et dans d'autres villes d'Allemagne. Cependant, le 19 mai, outre ce qui avait été dirigé sur Mayence, il y avait encore 8,000 blessés, ou se donnant pour tels, en passage dans le grand duché de Francfort [1].

Ce que, les vrais blessés partis, l'armée perdait en force matérielle et numérique, l'évasion des déserteurs et des faux blessés le lui rendait en force morale, les mauvais n'étant plus là pour infecter la masse, généralement bonne, mais facile aux impressions les plus opposées, prompte

---

[1] Le maréchal Kellermann au major général. Mayence, 19 mai 1813. Il se plaint qu'on autorise « la rentrée, sur le territoire de l'Empire, d'une foule de militaires blessés très légèrement, parmi lesquels il en est qui ne le sont point, et qui, même sur l'autre rive et à défaut d'hôpitaux, pouvaient être traités et pansés chez l'habitant ». — Rapport du maréchal Augereau. Francfort, 19 mai. « Les convois se trouvent composés d'un grand nombre de blessés seulement aux doigts des mains, de beaucoup d'hommes faibles sans aucune blessure. » *Archives de la Guerre.*

à l'enthousiasme, mais prompte aussi au découragement et surtout à l'indiscipline.

Ce qui manquait beaucoup à cette jeunesse, c'était la force physique, l'habitude de la fatigue. Un jour d'affaire, elle était capable d'un grand effort; mais elle était hors d'état de renouveler plusieurs jours de suite cet effort. Elle se battait bien et se lassait vite. L'Empereur ne put donc pas, par une de ces poursuites rapides et incessantes, comme après Austerlitz, comme après Iéna, recueillir tous les fruits qu'il pouvait attendre de sa victoire à Lutzen. « Les régiments de mon corps ont grand besoin d'une bonne nuit, disait le général Lauriston; ils sont remplis d'ardeur et de bonne volonté. Les hommes sont vigoureux » — n'oublions pas qu'ils venaient des cohortes — « mais ils n'ont pas encore l'expérience nécessaire pour faire une longue marche[1]. »

Le maréchal Macdonald, qui menait l'avant-garde, venait d'avoir, le 12 mai, à Bischofswerda, une affaire chaude et des plus honorables pour le onzième corps. « On a combattu de part et d'autre avec acharnement et valeur, écrivait-il au major général. L'ennemi avait des forces doubles des miennes, et néanmoins je l'ai battu,

---

[1] Le général Lauriston au major général. Meissen, 8 mai 1813. *Archives de la Guerre*.

forcé dans toutes ses formidables positions, et malgré les manœuvres de 10,000 hommes de cavalerie et de soixante bouches à feu en batterie, la ville, qui n'est plus [1], a été emportée à la baïonnette. Les troupes de Sa Majesté se sont couvertes de gloire... Mes troupes, ajoutait-il le lendemain, sont remplies d'ardeur; les voilà un peu reposées, et avec elles, je pourrai tout braver et tout entreprendre [2]. » Le maréchal Macdonald était la franchise et la véracité mêmes; s'il rendait cette justice à ses soldats, c'est qu'ils la méritaient; le jour où ils se seront mal conduits, il ne leur marchandera pas la vérité davantage.

Sur les rives du bas Elbe, le même témoignage était rendu à ceux de leurs camarades qui, sous la haute direction du maréchal Davout, combattaient l'insurrection des paysans éatiques. « Je ne puis assez me louer de la valeur de nos troupes, écrivait au maréchal le général Vandamme, et malgré leur jeunesse et leur inexpérience, je ne me rappelle pas avoir jamais trouvé plus d'ardeur dans nos vieilles bandes [3]. »

---

[1] Elle avait été réduite en cendres.
[2] Le maréchal Macdonald au major général. Bischofswerda, 13 et 14 mai 1813. *Archives de la Guerre.* — Les pertes du onzième corps, dans cette affaire, ont été de 424 hommes.
[3] Le général Vandamme au maréchal Davout. Harbourg, 13 mai 1813. — Le maréchal Davout au major général. Harbourg, 13 mai 1813. *Archives de la Guerre.*

XVIII

JOURNÉES DE BAUTZEN — ÉTAT ET CONDUITE DE LA CAVALERIE

Mécontent et préoccupé de la con... équivoque de l'Autriche, l'Empereur av... résolu de lui donner du côté de l'Italie des inquiétudes à son tour. Le 12 mai, il ordonna la formation d'un corps d'observation de l'Adige et fit partir aussitôt le prince Eugène pour diriger et presser l'organisation de ce corps. Le prince ne fut pas remplacé à la tête de l'armée de l'Elbe, qui perdit son existence d'ailleurs purement nominale, de sorte que l'unité absolue de la Grande armée se trouva rétablie. Quelques jours après, tous les corps rejoignirent le maréchal Macdonald arrêté devant les fortes positions de Bautzen, où l'ennemi s'était décidé à tenter de nouveau la fortune des combats.

La bataille ou plutôt les batailles de Bautzen [1]

---

[1] Le 19 mai, affaire d'Eichberg et de Weissig ; le 20, bataille de Bautzen ; le 21, bataille de Wurschen ou de Hochkirch. Toutes ces journées sont confondues sous le nom de bataille de Bautzen.

furent bien moins meurtrières que la seule journée de Lutzen, précisément parce que l'infanterie n'y eut pas de ces hésitations et de ces défaillances qui avaient coûté si cher au troisième corps [1]. Elle y montra, au contraire, une solidité remarquable et qui eût mérité des louanges toutes particulières [2], si l'Empereur ne lui en eût, trois semaines plus tôt, prodigué de telles qu'il était impossible d'aller au delà. Il avait, du premier coup, si largement payé sa dette à l'infanterie, qu'il se sentait en avance avec elle, et c'est pourquoi, dans le second bulletin de la campagne, ses éloges furent adressés ailleurs.

« Je commence à avoir de la cavalerie, » disait l'Empereur, huit jours avant la bataille de Bautzen, et il se flattait, avec quelque exagération, d'avoir, tant du corps de Latour-Maubourg que

---

[1] Voici un état sommaire des pertes dans les journées de Bautzen : troisième corps, 7,266 hommes; quatrième, 3,687 ; cinquième, 1,494 ; sixième, 1,421 ; en somme, 13,868 ; mais les informations manquent absolument pour le septième, le onzième, le douzième corps et la Garde. On estime que les pertes totales ont pu s'élever à 17 ou 18,000 hommes.

[2] « ... Je devrais citer tous les régiments du cinquième corps; tous se sont conduits avec un courage extraordinaire. Leur contenance a été si belle, et dans les marches rétrogrades, l'ordre si bien maintenu, que l'ennemi n'a jamais osé chercher à les entamer... Le soldat est content de lui : il connaît sa supériorité sur l'infanterie ennemie. Quant à la cavalerie, elle ne lui cause aucun étonnement. » Rapport du général Lauriston sur l'affaire d'Eichberg, 19 mai 1813. *Archives de la Guerre.*

de la Garde, 15,000 chevaux [1]. Le 22 mai, pendant la poursuite de l'ennemi définitivement battu la veille, il y eut, dans la plaine de Reichenbach, une rencontre de cavalerie, et ce fut cette petite affaire qui eut, par-dessus les grands chocs des journées précédentes, les honneurs du bulletin dont voici les termes : « Le général Lefebvre-Desnoëttes, à la tête de 1,500 chevaux des lanciers polonais et des lanciers rouges de la Garde, chargea la cavalerie ennemie et la culbuta... Le général Latour-Maubourg, avec ses 14,000 chevaux et les cuirassiers français et saxons, arriva à leur secours... L'ennemi, tout surpris de trouver devant lui 15 à 16,000 hommes de cavalerie, quand il nous en croyait dépourvus, se retira en désordre. Les lanciers rouges de la Garde se composent en grande partie des volontaires de Paris et des environs; le général Lefebvre-Desnoëttes et le général Colbert, leur colonel, en font le plus grand éloge... Dans le petit combat du 22, à Reichenbach, nous avons acquis la certitude que notre jeune cavalerie est, à nombre égal, supérieure à celle de l'ennemi [2]. »

Beaucoup moins outré que les louanges don-

---

[1] L'Empereur au maréchal Ney. Dresde, 13 mai. — 20,006. *Corresp.*, t. XXV. — Le corps de Latour-Maubourg ne se composait encore que de deux divisions, l'une de cavalerie légère, l'autre de cuirassiers.

[2] Bulletin de la Grande armée. Gœrlitz, 24 mai 1813. — 20,042. *Corresp.*, t. XXV.

nées, après Lutzen, à l'infanterie, cet éloge était encore excessif. On en eut trop tôt et trop évidemment la preuve. A la tête du onzième corps et soutenu par la cavalerie du général Latour-Maubourg, le maréchal Macdonald, toujours à l'avant-garde, serrait de près la retraite de l'ennemi. « Je l'ai chassé des hauteurs de Pilgrainsdorf, écrivait-il à six heures du soir, le 27 mai ; il a de nouveau pris une position très favorable sur les mamelons et dans les défilés dont Goldberg est entouré. Un nouveau combat s'est engagé, auquel la première brigade de cavalerie et quelques escadrons de la seconde ont pris part, soutenus par des carrés d'infanterie; mais c'est avec peine que j'annonce à Votre Altesse qu'il n'y a que les cuirassiers qui ont bien fait leur devoir; le reste a tourné le dos à trois charges consécutives. Je conduisais la troisième au cri de : *Vive l'Empereur !* J'ai été lâchement abandonné, étant parvenu à une pique de la cavalerie ennemie. C'est le feu et la fermeté de nos carrés qui m'ont sauvé. Les généraux de cavalerie ont fait tous leurs efforts pour maintenir leurs troupes en ordre, pour les rallier et leur assurer une victoire complète, mais inutilement [1]. »

Trois jours après, c'était le général Latour-

---

[1] Le maréchal Macdonald au major général. Goldberg le 27 mai 1813, six heures du soir. *Archives de la Guerre.*

Maubourg qui écrivait au major général : « Je dois rendre compte à Votre Altesse que les premières divisions de cavalerie légère et de cuirassiers ont diminué d'une manière sensible et affligeante, soit par les chevaux envoyés en arrière dans les dépôts, soit par ceux qui sont morts de fatigue... Les causes de ce grand nombre de chevaux restés en arrière tiennent en partie aux marches fatigantes qui ont eu lieu depuis quelque temps, mais plus encore à la maladresse de la plupart des cavaliers formant les détachements nouvellement arrivés, et qui, en grande partie, ont été mis à cheval au moment de leur départ de France[1]. »

[1] Le général Latour-Maubourg au major général, 30 mai 1813. *Archives de la Guerre.*

XIX

MAUVAIS EFFET DES PREMIERS SUCCÈS — MARAUDE INDISCIPLINE — ARMISTICE DE PLEISCHWITZ

L'infanterie elle-même, enivrée par ses premiers succès, en arrivait de la confiance à la présomption, et de la présomption au mépris des règles et de la discipline. « Je dois, écrivait au major général le général Lauriston, je dois appeler l'attention de Votre Altesse sur la marche des troupes. La privation de distributions depuis plusieurs jours porte le soldat à oser tout pour se procurer des vivres. Il y a bien moins de traînards que de gens qui vont en avant, du moment que l'on aperçoit quelque ville ou village. Les généraux font tous leurs efforts pour arrêter ce désordre ; le petit nombre d'officiers paralyse les mesures, d'autant plus que ces officiers eux-mêmes cherchent des vivres. Votre Altesse doit être persuadée du soin que j'apporterai à arrêter ce désordre qui s'accroîtrait de jour en jour [1]. »

[1] Le général Lauriston au major général. Thomaswalde, 25 mai 1813. *Archives de la Guerre.*

La punition ne se fit pas attendre ; ce fut l'ennemi qui l'infligea le lendemain même, et précisément aux troupes de Lauriston. Le 26 mai, vers quatre heures du soir, la première division du cinquième corps était venue s'établir non loin de Haynau, sur les auteurs de Milchersdorf; suivant leur habitude, une partie des hommes s'étaient débandés pour courir à la maraude, et le reste fièrement dédaignait de se garder. Tout à coup une nombreuse cavalerie, s'élançant d'une embuscade, fondit sur les bivouacs, sabra le 151ᵉ régiment avant qu'il eût le temps de se mettre en défense, fit un peu moins de mal au 153ᵉ, dont les carrés s'étaient formés précipitamment, puis, se jetant sur l'artillerie de la division, tua ou prit les canonniers et les chevaux, fit sauter les caissons et finit par emmener onze pièces dont cinq, — les autres ayant été reprises par la division Puthod accourue à la rescousse, — restèrent en fin de compte au pouvoir de l'ennemi. Déjà réduit à mille hommes avant cette échauffourée, le 151ᵉ en perdit sept cents en moins d'une demi-heure ; le 153ᵉ en perdit trois cents; la compagnie de sapeurs de la division fut enlevée tout entière [1].

---

[1] Le général Lauriston au major général. Haynau, 27 mai 1813. — L'adjudant commandant Galbois au major général. Haynau, 27 mai. *Archives de la Guerre.*

Ce n'était pas seulement cette division, c'était tout le cinquième corps qui fondait à vue d'œil. « Je profite d'un moment de repos, écrivait le général Lauriston, pour réorganiser mon corps d'armée, que les trois dernières marches de nuit ont beaucoup réduit. Le soldat n'est pas encore accoutumé à ces sortes de fatigues. Il se bat comme un lion, mais il a fort besoin d'être surveillé pour la discipline [1]. » Et cependant, on ne saurait trop en faire la remarque, le cinquième corps était, après le onzième, celui qui avait le plus d'hommes faits et relativement anciens au service, puisqu'il avait été entièrement formé de cohortes.

L'indiscipline peut se produire sous différentes formes ; il y a, par exemple, l'indiscipline des troupes qui, dans la chaleur du combat, refusent d'entendre le commandement des chefs, et peuvent, par leur entêtement, compromettre le succès d'une affaire bien commencée.

Tandis que la Grande armée s'avançait en Silésie, le douzième corps avait été détaché dans la direction de Berlin ; le 4 juin, il eut à soutenir à Luckau un combat où les carrés d'infanterie résistèrent victorieusement aux charges de la cavalerie prussienne. « Les jeunes troupes de

---

[1] Le général Lauriston au major général. Breslau, 2 juin 1813. *Archives de la Guerre.*

Sa Majesté, disait dans son rapport le maréchal Oudinot, ont montré, dans cette circonstance, beaucoup de courage et un grand sang-froid dans la formation des carrés. La difficulté même d'arrêter les tirailleurs qui s'élançaient avec trop d'impétuosité fut cause que l'engagement fut trop long et très vif, quoique j'eusse eu l'intention de le faire cesser... » Puis il ajoutait, comme le général Lauriston, comme presque tous les commandants de corps : « Les traîneurs me mettent aux abois et l'espèce d'officiers surtout [1]. »

Assez loin en arrière, sur les communications de la Grande armée, Leipzig contenait des magasins considérables, des hôpitaux, le dépôt général du troisième corps de cavalerie, beaucoup de prisonniers. C'était une ville mal close, facile à enlever par un hardi coup de main; les Russes y avaient pris garde.

Un matin, le 7 juin, ils apparurent tout à coup aux portes de la ville, au nombre de 5,000 environ, dont 3,000 d'excellente cavalerie. Le général Arrighi, qui se trouvait alors à Leipzig, n'avait à leur opposer, pour la défense de la ville même, que 300 cavaliers du dépôt et, en infanterie, 1,500 traînards de tous les régiments

---

[1] Le maréchal Oudinot au major général. Ubigau, 7 juin 1813. *Archives de la Guerre.*

de la Grande armée ; mais, au dehors, à peu de distance, se trouvaient deux divisions du troisième corps en voie de formation, une de 1,000, l'autre de 600 chevaux. Il y eut donc un combat de cavalerie, et voici le compte qu'en rendait le général Arrighi au major général : « Quoique nos jeunes cavaliers fussent tous en mesure et ne se soient pas laissé surprendre, l'ennemi est arrivé tellement en force, sur tous les points à la fois, que nous avons eu quelques postes enlevés après s'être bien défendus... J'ai reconnu cependant, dans cette occasion, malgré toute la bonne volonté de nos jeunes cavaliers, qu'il leur faut encore du temps pour acquérir l'instruction qui leur manque, l'habitude du métier, et être en état de se mesurer avec avantage contre de la cavalerie comme celle que nous avons eue devant nous aujourd'hui, et qu'il est nécessaire qu'elle soit toujours soutenue par de l'infanterie [1]. »

Au début de la campagne, c'était la cavalerie qui manquait au soutien de l'infanterie : cinq semaines seulement passées, c'était l'infanterie qui était réclamée au soutien de la cavalerie. Aussi bien les deux armes avaient l'une et l'autre

---

[1] Le général Arrighi au major général. Leipzig, 7 juin 1813. *Archives de la Guerre.*

besoin de temps pour se reposer, et surtout pour s'instruire.

En fait, ce qui avait sauvé Leipzig, ce n'était pas les conscrits-cavaliers, ni les traînards de l'infanterie, c'était un armistice signé depuis quelques jours aux avant-postes de la Grande armée, et dont le général Arrighi, qui venait d'en recevoir avis, eut quelque peine à faire reconnaître l'autorité par les Russes.

Parmi les raisons qui avaient décidé l'Empereur à signer un armistice, les unes étaient politiques, les autres militaires; de celles-ci, il n'en avouait qu'une, l'insuffisance de sa cavalerie; mais bien qu'il n'en voulût rien dire, l'état de son infanterie même avait dû y contribuer pour une bonne part. Quoi qu'il en soit, voici ce que l'Empereur mandait, le 2 juin, de Neumarkt, au général Clarke, duc de Feltre, son ministre de la guerre : « Vous verrez, par les nouvelles du *Moniteur*, qu'on négocie pour un armistice. Il serait possible qu'il fût signé aujourd'hui ou demain. Cet armistice arrête le cours de mes victoires. Je m'y suis décidé par deux raisons : mon défaut de cavalerie qui m'empêche de frapper de grands coups, et la position hostile de l'Autriche... Communiquez la substance de cette lettre au ministre de l'administration de la guerre, et redoublez d'efforts pour que la cavalerie, l'artillerie et l'infanterie marchent dans les diverses directions que j'ai ordonnées. Si je le puis, j'attendrai le mois de septembre pour frapper de grands coups. Je veux être alors en position d'écraser mes ennemis, quoiqu'il soit possible que, lorsqu'elle me verra en état de le faire, l'Autriche se serve de son style pathétique et sentimental pour reconnaître la chimère et le ridicule de ses prétentions. J'ai voulu vous écrire cette lettre pour que vous connaissiez bien ma pensée une fois pour toutes [1]... »

L'armistice, signé le 4 juin, à Pleischwitz, devait avoir son terme à la fin du mois de juillet; il fut plus tard prolongé de dix jours, de sorte qu'avec les délais d'usage entre la dénonciation et la reprise des hostilités, les opérations de guerre ne devaient recommencer que le 17 août.

---

[1] L'Empereur au général Clarke. Neumarkt, 2 juin 1813. — 20,070. *Corresp.*, t. XXV.

XX

ÉTAT PHYSIQUE ET MORAL DE LA GRANDE ARMÉE PENDANT L'ARMISTICE

En consentant à l'armistice, l'Empereur, on vient de le remarquer, ne voulait que prendre le temps d'appeler de nouvelles troupes, et donner quelque repos à celles qui venaient de se battre. Il y avait beaucoup à faire pour les remettre en force à tous les points de vue, pour leur rendre, en un mot, la santé physique et morale.

« L'état des régiments qui composent le troisième corps d'armée, disait le maréchal Ney, mérite de fixer l'attention de l'Empereur. Tous ont besoin de renfort, d'officiers et surtout de sous-officiers, car il est impossible de trouver dans les cadres actuels des sujets pour remplacer ceux qu'on a perdus. Il faudrait environ quatre-vingts capitaines, cent lieutenants, et au moins cent quarante sergents majors, sergents ou fourriers pour réorganiser les bataillons. Sans ce secours, on ne peut compter sur ce qui reste ; les ressorts de l'organisation perdent chaque jour de leur force, l'instruction devient impossible et la discipline se détruit [1]. »

Par un effet de réaction bien connu des médecins, l'inaction succédant tout à coup à six semaines d'émotions violentes, il y eut, en quelques jours, des malades en foule. Le troisième corps, qui ne comptait au commencement de juin pas beaucoup plus de 24,000 hommes présents sous les armes, en avait près de 26,000 aux hôpitaux. Dans la plupart des autres corps, les malades étaient aux combattants dans le rapport d'un à deux. Il en était, du reste, des maladies comme des blessures en général ; le nombre des hommes gravement atteints n'avait heureusement pas l'importance qu'on aurait pu craindre, et parmi les affections légères, il y en avait sans doute de frauduleuses, comme il y avait des blessures évidemment suspectes.

En examinant des hommes blessés à l'avant-bras ou à la main droite, le chirurgien principal du douzième corps avait cru remarquer des indices de mutilation volontaire, et il s'était hâté d'en informer le commandant en chef, en ajoutant que ce genre de lésion ne se trouvait

---

[1] Le maréchal Ney au major général. Liegnitz, le 10 juin 1813. *Archives de la Guerre.*

que sur les plus jeunes soldats. Averti par le maréchal Oudinot [1], l'Empereur prescrivit, dans tous les corps et dans tous les hôpitaux, la recherche immédiate et rigoureuse de tous les hommes blessés à la main. Il n'y en eut pas moins de 2,128 dans le seul hôpital de Dresde [2].

De la recherche même et de ses résultats nous ne connaissons d'ailleurs que ce qui est relatif au sixième corps, par le témoignage suivant du maréchal Marmont : « J'ai passé, mandait-il, le 2 juillet, une revue scrupuleuse de tous les hommes blessés à la main, et j'ai fait à l'égard de chacun d'eux une enquête dans leurs régiments. Sa Majesté apprendra sans doute avec plaisir qu'un quart seulement sont soupçonnés de s'être blessés eux-mêmes ; j'ai acquis la certitude que sur 404 hommes blessés à la main, 295 l'ont été par l'ennemi, et le résultat de mon interrogatoire est d'autant moins suspect que j'ai remarqué, en général, parmi les officiers et les sous-officiers des compagnies, un esprit de sévérité qui leur fait honneur [3]. »

L'Empereur, pour toute la durée de l'armistice,

---

[1] Le chirurgien principal du 12ᵉ corps au maréchal Oudinot, Herzberg, 9 juin 1813. — Le maréchal Oudinot au major général. Herzberg, 9 juin. *Archives de la Guerre.*

[2] Le comte Daru au comte Dumas, intendant général de la Grande armée. Dresde, 13 juin 1813. *Archives de la Guerre.*

[3] Le maréchal Marmont au major général. Nieder-Thomaswalde, 2 juillet 1813. *Archives de la Guerre.*

avait établi ses troupes dans la basse Silésie ; il y avait même appelé le deuxième corps qui, depuis le commencement de la campagne, était demeuré sur la rive gauche de l'Elbe. Comme il voulait, avant tout, que ces deux mois de repos fussent consacrés à l'affermissement de la discipline et à l'instruction des soldats, l'usage du cantonnement était expressément interdit ; tous les corps avaient dû construire et occuper des camps de baraques.

Plus d'écart, plus de maraude ; six ou sept heures d'exercice par jour ; telle était la loi commune à l'officier et au soldat; mais, du moins, dans cette grasse Silésie, le grenier de la Prusse, allaient-ils avoir la vie facile et large. Fâcheuse déception : le pays était riche, mais l'habitant mal disposé, foncièrement hostile, dissimulait ses ressources ; il fallut faire des visites domiciliaires, redoubler les réquisitions, demander beaucoup pour un maigre apport. De plus, l'officier et le soldat étaient tout à fait pauvres; il y avait des mois qu'ils n'avaient touché ni prêt ni solde. Enfin, un ordre du 27 juin apprit à l'armée que l'arriéré des mois de janvier, février et mars allait être acquitté sans délai, et la solde du mois d'avril intégralement payée. Quant à la solde du mois de mai, elle devait l'être aux officiers seulement, avec cette condition, pour ceux dont le traitement annuel dépassait 1.800 francs, qu'ils recevraient, au lieu d'espèces, des traites, non pas même sur le payeur général de l'armée, mais sur la caisse du Trésor de Paris [1]. S'il y eut un peu de bien-être, ce fut donc l'affaire d'un moment; puis, avec la misère derechef et la faim, apparut chez le soldat français un mal inaccoutumé, la tristesse.

L'Empereur s'en émut; il ordonna qu'on organisât dans tous les camps des tirs à la cible, avec des prix gradués par compagnie, par bataillon, par division, par corps d'armée, pour les meilleurs tireurs [2]. « Le but, mandait l'Empereur au major général, est, non seulement d'exercer la troupe, mais aussi de mettre un peu de gaieté et d'intérêt dans les camps. Enfin, il est convenable qu'on y établisse toute espèce de jeux et tout ce qui peut donner de l'émulation. » Comme la fête du 15 août devait coïncider à peu près avec le terme de l'armistice, l'Empereur voulait aussi qu'elle fût avancée de quelques jours. « Les préparatifs qu'on fera dans tous les camps, disait-il, amuseront d'autant le soldat [3]. »

---

[1] Ordres du 27 juin et du 2 juillet 1813. — Ordres généraux de la Grande armée. *Archives de la Guerre.*

[2] L'Empereur au major général. Dresde, 23 juillet 1813. — 20,296. *Corresp.*, t. XXV. — Ordre donné à Dresde, le 24 juillet 1813. *Archives de la Guerre.*

[3] L'Empereur au major général. Dresde, 23 juillet 1813. — 20,295. *Corresp.*, t. XXV.

XXI

OBSERVATIONS DES MARÉCHAUX — NEY MARMONT — VICTOR

Sur tous ces palliatifs, voici les observations rudes que suggéraient au maréchal Ney la franchise de son caractère et les faits mêmes qu'il avait sous les yeux : « J'ordonnerai que l'on tire à la cible... Quant aux jeux à établir dans les camps pour donner de la gaieté et de l'émulation au soldat, je pense que ce qui produirait le mieux un pareil effet serait d'aligner sa solde et surtout de le nourrir plus abondamment. La ration n'a pas toujours été complète, et les hommes qui composent mon corps d'armée sont dans l'âge où l'on mange le plus et où la ration entière n'est pas même suffisante. Le soldat n'a cessé de travailler à son baraquement et de faire l'exercice, et il serait bien urgent qu'il lui fût accordé un supplément de pain [1]. »

[1] Le maréchal Ney au major général. Liegnitz, 25 juillet 1813. *Archives de la Guerre.*

D'après un décret de 1810, la ration de pain avait été réduite de vingt-huit onces à vingt-quatre, et ces vingt-quatre onces, les troupes, surtout après la conclusion de l'armistice, ne les avaient pas toujours complètement reçues. « Depuis l'établissement du sixième corps dans le cercle de Bunzlau, disait le maréchal Marmont, les moyens de subsistance ont été si difficiles qu'il a fallu plusieurs fois réduire la ration; mais les circonstances le commandaient. Aujourd'hui notre situation change; dans quatre ou cinq jours, nous serons au-dessus de tout embarras, et la récolte qui est commencée nous donnera les plus grandes ressources. » Il protestait donc, et avec d'autant plus de force, contre la ration de vingt-quatre onces, que, faute de froment, il n'y entrait absolument que du seigle; mais l'ordonnateur du sixième corps se retranchait derrière le décret de 1810.

Comme le maréchal Ney, Marmont voulut porter, avec plus de développement, le débat devant le major général. « Il est bien démontré, disait-il, que la nourriture de vingt-quatre onces de pain n'est pas suffisante pour les jeunes soldats qui n'ont pas pris leur croissance et qui s'exercent pendant six ou sept heures par jour, surtout ne recevant et ne pouvant recevoir ni vin ni bière habituellement, et même pas d'eaude-vie... Il me paraît bien démontré que la tristesse des troupes, dont on se plaint avec raison en général, et contre laquelle Sa Majesté prend des mesures si utiles et si sages, ne disparaîtra que lorsque les soldats auront plus de force, et ils auront plus de force lorsqu'ils mangeront davantage [1]. »

« Je suis convaincu, écrivait de son côté le maréchal Victor, des inconvénients graves qu'occasionne la réduction de la ration de pain à vingt-quatre onces. Il est reconnu par tous les officiers que cette dernière quantité est insuffisante pour nourrir un soldat jeune dont le développement agit encore, surtout quand ce soldat est sans cesse, comme aujourd'hui, occupé à des exercices fatigants et qu'il ne boit que de l'eau. On peut remarquer tous les jours qu'un grand nombre de ces jeunes gens souffrent de la faim, et que leur physique, qui se fortifierait par une nourriture plus abondante, s'affaiblit sensiblement et les met bientôt hors d'état de servir... L'armée sera belle et très bonne en peu de temps, si je puis juger des autres corps par les espérances que me donne le deuxième, mais pour l'avoir telle, je suis de l'avis que la solde doit être mise au courant autant que possible, et que la ration

[1] Le maréchal Marmont au major général, 27 juillet 1813. *Archives de la Guerre*

de pain soit de vingt-huit onces au lieu de vingt-quatre [1]. » Vœux inutiles : l'argent manquait.

A la date du 5 août, onze ou douze jours seulement avant la reprise des hostilités, le deuxième corps, de l'aveu même, mais non pas assurément par la faute de son excellent chef, ne donnait encore que des espérances, et en effet l'instruction ne s'y élevait pas au-dessus du médiocre [2]. Tandis que les autres corps, ayant fait campagne, n'attendaient que des renforts pour relever leur effectif, celui-ci, tenu longtemps à l'écart et négligé par le quartier général, attendait et réclamait son organisation définitive.

A cette exception près, on peut dire que l'instruction générale avait fait des progrès considérables pendant l'armistice. La Jeune Garde, notamment, et le sixième corps, avaient poussé la leur jusqu'aux évolutions de ligne.

---

[1] Le maréchal Victor au major général. Güben, 5 août 1813. *Archives de la Guerre.*
[2] Rapport détaillé sur la situation des troupes du 2e corps. Güben, 31 juillet 1813. *Archives de la Guerre.*

XXII

RECRUES ET RENFORTS — NOUVELLE ORGANISATION DES CORPS D'ARMÉE — AUGMENTATION DE LA GARDE — EFFECTIF GÉNÉRAL DE LA GRANDE ARMÉE AU 15 AOUT

De tous les points de l'Empire, pendant ce temps, les hommes ne cessaient d'affluer à Mayence et d'y passer le Rhin, conscrits sur la rive gauche, soldats sur la rive droite. Ils n'avaient ni le mois de présence au dépôt exigé d'abord, ni même les quinze jours auxquels s'étaient réduites les prescriptions ministérielles [1]. C'était aussi vainement que les officiers chargés de les conduire avaient reçu l'ordre de les exercer, chemin faisant, deux heures au moins chaque jour, de façon qu'ils pussent arriver à Mayence « instruits et déjà à l'école de bataillon [2] ».

[1] Rapport du ministre de la guerre à l'Empereur, 11 juillet 1813. *Archives de la Guerre.*
[2] Circulaire du ministre aux généraux commandant les divisions militaires de l'intérieur, 15 juin 1813. *Archives de la Guerre.* — Il faut noter ici, comme une exception, les résultats obtenus dans la 1re division militaire, d'où, au dire du

Une partie de ces hommes, étant désignés pour servir de recrues aux divisions actives de la Grande armée, étaient réunis en bataillons de marche; d'autres, destinés à former des divisions nouvelles, se trouvaient englobés dans cette organisation factice et regrettable des régiments provisoires contre laquelle les commandants des corps d'armée ne cessaient de faire entendre les protestations les plus vives. « Il y a au troisième corps, écrivait au major général le maréchal Ney, vingt-cinq bataillons formant des régiments provisoires dont l'administration est extrêmement négligée... Les dépôts des corps dont ils font momentanément partie ne leur envoient rien, sans doute parce qu'ils craignent l'incorporation de ces bataillons dans les régiments dont ils portent le numéro et auxquels ils appartiennent. Je puis, au surplus, assurer à Votre Altesse Sérénissime que le bien du service de l'Empereur exigerait que cette incorporation se fît le plus tôt possible; ce serait même, à ce qu'il me semble, la seule manière de remédier aux désordres de toute espèce qui règnent dans les régiments provisoires et qu'on ne peut guère

---

général Hulin, aucun détachement ne serait parti sans avoir été instruit jusqu'à l'école de bataillon. — Le général Hulin au ministre de la guerre. Paris, 17 juin 1813. *Archives de la Guerre.*

attribuer qu'au vice de l'institution même de ces corps[1]. »

Le major général, le ministre de la guerre, l'Empereur étaient bien persuadés eux-mêmes que l'institution ne valait rien; mais il avait fallu aller au plus vite. Des ordres étaient donnés pour réduire, autant et le plus tôt qu'il serait possible, le nombre des régiments provisoires, en réunissant dans les mêmes divisions les bataillons de même numéro[2]. On fit quelques essais[3]; mais la crainte de désorganiser, au moment de la reprise des hostilités, les divisions et les corps obligea l'Empereur d'ajourner une opération qu'il jugeait actuellement dangereuse.

Il y avait un très grand nombre de conscrits qui n'étaient assignés ni aux anciennes, ni aux nouvelles divisions des corps formés au commencement de la campagne; c'était bien à la Grande armée qu'ils devaient aussi appartenir,

---

[1] Le maréchal Ney au major général. Liegnitz, le 11 juillet 1813. *Archives de la Guerre.*

[2] Le ministre de la guerre au major général. Paris, 6 juin 1813. *Archives de la Guerre.*

[3] « J'ai reçu les procès-verbaux constatant la dissolution des 37ᵉ, 38ᵉ, 39ᵉ, 40ᵉ, 41ᵉ et 42ᵉ régiments provisoires, et la réunion des divers bataillons des 2ᵉ, 4ᵉ, 18ᵉ, 46ᵉ, 72ᵉ, 93ᵉ régiments de ligne, 11ᵉ et 26ᵉ d'infanterie légère, pour reprendre leur dénomination primitive, conformément aux intentions de l'Empereur. » Le ministre de la guerre au major général. Paris, 11 août 1813. *Archives de la Guerre.*

mais dans des corps de création nouvelle.

Dès le mois d'avril, l'Empereur avait décidé la réunion d'un corps de réserve ou d'observation à Mayence [1]. Au mois de juin, le rassemblement formé par les soins du maréchal Kellermann changea de nom, fut appelé corps d'observation de Bavière, et passa sous les ordres du maréchal Augereau, dont le quartier général était à Wurzbourg [2].

Enfin, au mois d'août, le corps d'observation de Bavière fut dédoublé ; des six divisions françaises de nouvelle formation qui le composaient, quatre furent données au maréchal Gouvion Saint-Cyr et constituèrent, sous ses ordres, le quatorzième corps de la Grande armée ; les deux autres, avec une division bavaroise, demeurèrent sous le commandement du maréchal Augereau, et constituèrent effectivement ce neuvième corps, qui n'avait eu jusqu'alors qu'une existence nominale et pour mémoire [3].

L'ancien premier corps avait subi déjà une opération du même ordre. Au mois de juin, l'Em-

---

[1] L'Empereur au général Clarke. Paris, 2 avril 1813. — 19,795. *Corresp.*, t. XXV.

[2] L'Empereur au major général. Neumarkt, 3 juin. — 20,077. — 20,078. — L'Empereur au général Clarke. Dresde, 18 juin 1813. — 20,149. *Corresp.*, t. XXV.

[3] L'Empereur au major général. Dresde, 4 août 1813. — 20,336. *Corresp.*, t. XXVI. — La correspondance imprimée dit le neuvième corps ; le maréchal Augereau dit, de son côté, le quinzième corps ; nous suivons la correspondance.

pereur avait fait pressentir au maréchal Davout qu'il attirerait sans doute prochainement en Saxe deux de ses divisions et son principal lieutenant, le général Vandamme. Le 1er juillet, le maréchal fut informé que la dislocation était faite. Il y eut, dès ce jour, un premier et un treizième corps : celui-ci, dont le nom seulement était de création nouvelle, composé de trois divisions françaises avec une division danoise, et continuant de garder, sous les ordres du maréchal Davout, le pays anséatique et le bas Elbe; celui-là, fort de trois divisions [1], et appelé à la Grande armée, sous le commandement en chef du général Vandamme [2].

C'était toujours à l'armée d'Espagne qu'on demandait des cadres pour les corps nouveaux; encore n'y pouvait-elle pas suffire. On épuisait aussi jusqu'au fond les écoles militaires; depuis le mois d'octobre 1812, l'école de Saint-Cyr n'avait pas fourni moins de 450 sous-lieutenants à la Grande armée. Ils y apportaient, sans aucun doute, selon le témoignage de leur inspecteur général, « l'esprit de bravoure et de dévoue-

---

[1] Aux deux divisions enlevées au maréchal Davout, le général Vandamme joignait la quatrième division du sixième corps restée en arrière au commencement de la campagne. Cette distraction d'une des divisions de son corps causa beaucoup de déplaisir au maréchal Marmont.

[2] L'Empereur au maréchal Davout. Dresde, 15 juin et 1er juillet 1813. — 20,124. — 20,206. *Corresp.*, t. XXV.

ment, » mais en fait d'instruction bien peu de chose. « Les 150 élèves qui vont partir seront préférables à la promotion précédente des 240, disait l'inspecteur général; ils auront au moins la connaissance de l'arithmétique avec une notion des autres cours classiques, autant qu'ils auront pu l'acquérir depuis deux mois [1]. »

Dans cette progression numérique, plutôt que morale, des forces françaises, la Garde mérite d'autant mieux d'être citée qu'elle prenait tous les jours un développement dont s'inquiétait lui-même le ministre de la guerre. Il s'efforçait, dans les rapports qu'il adressait à l'Empereur, d'arrêter ces augmentations excessives. « Il faut, disait-il, insister sur ce point, parce que cela énerve l'armée [2]. » La Vieille Garde ne cessait d'aspirer en quelque sorte et d'absorber le peu d'anciens soldats qui se trouvaient encore dans les régiments de ligne. Quant à la Jeune Garde, l'Empereur lui avait assigné 34,250 hommes à prendre sur l'élite des levées dernièrement faites [3]; mais ici, comme en beaucoup d'autres points, l'ordre donné n'avait pas pu recevoir

[1] L'inspecteur général des écoles militaires au major général. Versailles, 18 juin 1813. *Archives de la Guerre.*
[2] Note autographe du ministre de la guerre, datée du 21 juillet 1813. *Archives de la Guerre.*
[3] Rapport du ministre de la guerre à l'Empereur, 23 juin 1813. *Archives de la Guerre.*

l'exécution la plus stricte. Ce n'était pas le nombre qui manquait, c'était la qualité des recrues. « Les 13es régiments de tirailleurs et de voltigeurs, écrivait au ministre le général Caffarelli, ont chacun plus de 1,800 hommes qui se composent des plus faibles et des plus malingres que la conscription a produits [1]. » Quoi qu'il en soit, l'effectif de la Garde, au 1er août, était de plus de 80,000 hommes, et le nombre des présents sous les armes de 68,000, dont 5,500 de Vieille Garde.

En somme, et autant qu'on peut se fier aux états de situation, entre les quatorze corps de la Grande armée, les cinq corps de cavalerie de réserve et la Garde impériale, l'effectif général, au 15 août 1813, s'élevait au chiffre de 550,000 hommes, dont 425,000 environ étaient prêts à combattre et 90,000 dans les hôpitaux.

C'était avec ces forces que l'Empereur s'apprêtait à soutenir, pour la seconde fois dans cette campagne, l'effort de la coalition accrue désormais et complétée par l'accession de l'Autriche.

---

[1] Le général Caffarelli au ministre de la guerre. Saint-Cloud, le 6 juin 1813. *Archives de la Guerre.*

XXIII

DISPOSITION DES FORCES COALISÉES ET DES FORCES FRANÇAISES — REPRISE DES HOSTILITÉS — BATAILLE DE DRESDE — RÔLE ÉCLATANT DE LA CAVALERIE

La coalition avait divisé ses contingents en trois parts : 120,000 hommes formant l'armée du Nord ou de Berlin, commandée par Bernadotte ; 120,000 hommes à l'armée de Silésie, commandée par le général Blücher ; 230,000 hommes à l'armée de Bohême, quartier général des souverains alliés, et placée, par déférence pour l'Autriche, sous les ordres du prince de Schwarzenberg.

A la première, l'Empereur opposait les quatrième, septième et douzième corps, avec le troisième de cavalerie, ensemble 65,000 hommes environ, sous le commandement du maréchal Oudinot ; à l'armée de Silésie, les troisième, cinquième, sixième, onzième corps et le deuxième de cavalerie, ensemble 110,000 hommes, sous le commandement supérieur du maréchal Ney ; à l'armée de Bohême enfin, les premier, deuxième, huitième, quatorzième corps en première ligne, la Garde, les premier, quatrième et cinquième corps de cavalerie formant la réserve. Cette troisième partie de la Grande armée comptait 190.000 combattants [1].

C'était seulement au nord que l'Empereur avait résolu de prendre l'offensive ; il avait ordonné au maréchal Oudinot de marcher droit sur Berlin, et au maréchal Davout d'appuyer ce mouvement, en débouchant, avec le treizième corps, de Hambourg, dans la direction de cette capitale [2].

Partout ailleurs, sur son centre et sur sa droite, en Silésie et du côté de la Bohême, l'Empereur attendait de connaître les projets de l'ennemi. Dès le 15 août, sans respecter les délais d'usage après la dénonciation d'un armistice, Blücher, par une brusque attaque, lui révéla les siens. Ce fut le cinquième corps, le plus avancé, qui reçut les premières charges. Le général Lauriston ne parut pas d'abord très satisfait de sa cavalerie légère : « Ce sont, disait-il, des enfants qui voient

---

[1] Instructions pour le prince de la Moskowa et le duc de Raguse. Dresde, 12 août 1813. — 20,360. — Instructions pour les maréchaux Ney, Gouvion Saint-Cyr, Macdonald et Marmont. Dresde, 13 août au soir. — 20,373. *Corresp.*, t. XXVI. — États de situation du 1er au 15 août. *Archives de la Guerre*.

[2] L'Empereur au maréchal Oudinot. Dresde, 15 août 1813. — 20,381. *Corresp.*, t. XXVI.

l'ennemi pour la première fois... Ces jeunes gens ont bonne volonté, mais une inexpérience telle qu'ils sont toujours pris, parce qu'ils tombent de cheval[1]. »

Après une rapide excursion au delà des premiers défilés de la Bohême, l'Empereur, n'ayant rien vu qui annonçât un mouvement prochain de l'ennemi, crut avoir assez de temps pour châtier l'impertinente agression de Blücher. S'il pouvait, en quelques jours, battre et détruire l'armée de Silésie, le maréchal Oudinot devant, dans le même moment, disperser l'armée du Nord, la coalition était d'abord réduite aux abois.

Le 20 août, l'Empereur, arrivé à Lauban, faisait sur toute la ligne du Bober reprendre l'offensive, et Blücher à son tour se mettait en retraite. On le suivit toujours battant, sans pouvoir l'engager dans une action décisive.

Le général Lauriston était émerveillé ; non seulement son infanterie méritait tous les éloges, mais ces mêmes cavaliers qui tombaient si facilement de cheval tout à l'heure se comportaient en héros au combat de Goldberg. « Notre cavalerie chargea, enfonça trois carrés, repoussa des charges de cavalerie et se couvrit de gloire... Le

---

[1] Le général Lauriston au major général. Neudorf, 17 août 1813. *Archives de la Guerre.*

champ de bataille présente six Russes pour un Français[1]. » Ainsi se trouva réparée, sur le même terrain, l'injure subie, trois mois auparavant, par les escadrons de Latour-Maubourg, et ce nom de Goldberg cessa, pour un moment, de rappeler à nos soldats de pénibles souvenirs [2].

Cependant Blücher, reculant toujours, se dérobait derrière la Katzbach, et déjà l'Empereur, sur l'appel pressant et réitéré du maréchal Gouvion Saint-Cyr, courait, avec le maréchal Ney, au secours de Dresde menacé par l'armée de Schwarzenberg. La Garde et le sixième corps avaient ordre de l'y rejoindre au plus vite.

En effet, le péril était grand ; avec trois divisions seulement, le maréchal Gouvion Saint-Cyr avait su retarder la marche d'un ennemi six ou sept fois plus nombreux, mais il était acculé sous les murs d'une grande ville, et il n'avait pas assez de monde pour la défendre. L'Empereur arriva. Cette occasion, qu'il avait cherchée vainement en Silésie, il la trouvait en Saxe plus considérable encore. Il la saisit.

La bataille de Dresde dura deux jours, les 26 et 27 août ; le premier fut tout à la gloire du quatorzième corps et de la Jeune Garde, qui,

---

[1] Le général Lauriston au major général, 23 août 1813. *Archives de la Guerre.*

[2] Voy. plus haut, à la date du 27 mai, le premier combat de Goldberg, p. 98.

vers la fin de la journée, put lui venir en aide; le 27 fut un jour de triomphe pour la cavalerie.

Après la Garde, étaient arrivés, dans la nuit, le sixième corps, amené de Silésie par le maréchal Marmont, et le deuxième, amené de Zittau par le maréchal Victor. Ainsi la force de l'infanterie se trouvait quadruplée ; mais, dès la matinée du 27, une pluie torrentielle, succédant à un épais brouillard, rendit, dans l'une et l'autre armée, la fusillade impossible. Au major général, qui s'étonnait le soir que le quatorzième corps, placé au centre, n'eût pas donné plus fréquemment, pendant l'action, de ses nouvelles à l'Empereur, le maréchal Gouvion Saint-Cyr répondait : « Le temps affreux qu'il a fait toute la journée a rendu la situation de la troupe extrêmement malheureuse. Les hommes ni les chevaux ne pouvaient marcher, et les fusils ne pouvaient faire feu. L'ennemi étant, je présume, dans un cas à peu 'près semblable, il n'y a eu que des tiraillements, quelques coups de canon qui ne pouvaient mériter l'attention de Sa Majesté, et quelques prisonniers russes et prussiens [1]. »

Aussi n'était-ce pas de côté, ni même vers la gauche, où le maréchal Ney combattait avec la

---

[1] Le maréchal Gouvion Saint-Cyr au major général. Dresde, 27 août 1813, dix heures du soir. *Archives de la Guerre.*

Garde, que s'était portée l'attention de l'Empereur. Elle était depuis la veille toute attirée et absorbée par le spectacle que lui donnait un gros corps d'Autrichiens, formant la gauche des alliés, et tellement aventurés au delà d'un vallon à pentes abruptes qu'il leur était impossible, en cas de péril, de recevoir le moindre secours.

L'ascendant de l'Empereur sur ses anciens compagnons d'armes avait ramené à lui le plus habile et le plus entraînant des généraux de cavalerie, Murat. Il lui montra cette proie qui s'offrait, et, pour s'en saisir, il lui donna les escadrons du premier corps de réserve. Sous la pluie et dans la boue, il ne fallait pas moins qu'un tel chef pour manier une troupe mal habituée à ces misères.

Tandis que les bataillons du deuxième corps manœuvraient en face de la gauche ennemie, Murat, par un long détour, s'élevait sur son flanc, puis, lançant, contre une infanterie hors d'état de faire feu, ses escadrons à la charge, il enfonçait les carrés, sabrait tout ce qui voulait tenir, faisait des prisonniers par masses et mettait le reste en déroute. Toute cette gauche fut anéantie en quelques heures.

« Je pense, écrivait le soir même à Berthier le général Belliard, je pense que vous êtes content de nous. La cavalerie a vraiment fait merveille. Le roi (de Naples) a mené lui-même les premiers escadrons sur les carrés, et cela était nécessaire pour donner de l'élan à nos jeunes gens qu'ensuite on ne pouvait plus retenir [1]. » Aussi bien, voici Murat qui s'adresse lui-même à l'Empereur : « Sire, l'affaire d'aujourd'hui fait le plus grand honneur à la cavalerie de Votre Majesté... Tous les carrés ont été enfoncés. Je dois dire à Votre Majesté, pour la gloire de sa cavalerie, que le triple rang de baïonnettes de ces masses a été rompu à coups de sabre, malgré la résistance la plus opiniâtre qu'infanterie ait jamais pu faire... Les résultats de cette journée sont glorieux pour les armes de Votre Majesté. Votre cavalerie a fait environ quinze mille prisonniers, pris douze pièces de canon et douze drapeaux, un lieutenant général, deux généraux et une grande quantité d'officiers supérieurs et de tout grade, et je puis hardiment assurer à Votre Majesté que l'ennemi a au moins sept à huit mille hommes hors de combat en tués, blessés ou égarés. J'espère faire ramasser demain tous les canons et bagages que l'ennemi aura laissés dans le défilé de Tharand [2]. »

[1] Le général Belliard ou major général. Wolniz, le 27 août 1813, à dix heures du soir. *Archives de la Guerre.*
[2] Le roi Murat à l'Empereur. Wolniz, le 27 août 1813, à minuit. *Archives de la Guerre.*

XXIV

POURSUITE DE L'ENNEMI EN BOHÊME — VANDAMME DÉSASTRE DE KULM

Malgré cet éclatant succès, l'Empereur attendait pour le 28 une troisième journée de lutte, et il avait tout disposé pour une grande bataille[1]; mais, dans la nuit, le prince de Schwarzenberg commença sa retraite vers les défilés de la Bohême. Aussitôt les maréchaux Marmont et Gouvion Saint-Cyr furent mis à sa poursuite, tandis que le général Vandamme, avec le premier corps et une division du quatorzième qu'il avait à Kœnigstein, c'est-à-dire avec quarante mille hommes environ, devait tomber dans le flanc gauche de l'ennemi, entrer hardiment en Bohême, occuper Tœplitz, et prendre là, comme au piège, tout ce qui aurait échappé aux coups pressés des deux maréchaux. En effet, les journées du 28 et du 29 août furent fécondes en résultat, surtout du côté du maré-

---

[1] L'Empereur au major général. Dresde, 27 août 1813, sept heures du soir. — 20,179. *Corresp.*, t. XXVI.

chal Marmont. « Six bataillons seuls engagés et sans canon, écrivait-il le 29 au soir, ont chassé devant eux, d'une manière tout à fait remarquable, des forces très supérieures, c'est-à-dire culbuté douze à quinze mille hommes avec douze pièces de canon dans une position formidable. Je n'ai jamais vu de plus braves troupes et qui eussent plus d'élan; il faut mettre autant de soin à le modérer qu'il en faut mettre ailleurs à l'exalter [1]. »

De son côté, le général Vandamme avait écrit, le 28 au soir : « Nous sommes arrivés à Hellendorf; l'ennemi a fait de vains efforts contre nos jeunes braves; il a été partout culbuté et mis en pleine déroute... J'ai environ quatre à cinq mille hommes devant moi; je les attaque demain à la pointe du jour et je marche sur Tœplitz avec tout le premier corps, si je ne reçois pas d'ordre contraire. Toutes nos troupes se sont parfaitement conduites et ont rivalisé de zèle et d'ardeur [2]. »

Ce fut la dernière dépêche reçue de Vandamme. L'ennemi, qui avait subi devant Dresde une

---

[1] Le maréchal Marmont au major général. Au bivouac en arrière de Falkenhayn, 29 août 1813, à dix heures du soir. *Archives de la Guerre.*

[2] Le général Vandamme au major général. Hellendorf, 28 août 1813, à huit heures et demie du soir. *Archives de la Guerre.*

atteinte plus forte que l'Empereur ne l'avait cru d'abord après la journée du 27, n'était cependant ni aussi défait ni aussi découragé qu'il se l'était imaginé le 28. Ces montagnes de Bohême offraient aux alliés des positions à tenir ferme.

Quand, le 29 au matin, Vandamme voulut poursuivre ses avantages, ce ne fut plus seulement à quatre ou cinq mille hommes qu'il eut affaire, et s'il parvint à s'établir dans la position de Kulm, ce ne fut qu'après avoir bataillé toute la journée contre des forces tenaces et sans cesse accrues. Le 30, elles l'étaient encore bien davantage; dès lors, les rôles furent renversés. Vandamme assailli dut songer lui-même à la retraite. Pour comble d'infortune, une colonne prussienne égarée vint obstruer le seul chemin qu'il pût reprendre. Le premier corps fut écrasé, mais non sans honneur. Le général Mouton-Duvernet, échappé de ce gouffre, écrivait au maréchal Mortier : « Ma division aura perdu trois mille hommes dans ces deux fatales journées... Je suis on ne peut plus satisfait de mes jeunes gens et de la majeure partie des officiers; ils se sont couverts de gloire [1]. » Les quatre mille hommes qu'avait réussi à sauver le général Mouton-Duvernet appartenaient au quatorzième corps, d'où

---

[1] Le général Mouton-Duvernet au maréchal Mortier. Kœnigstein, 2 septembre 1813. *Archives de la Guerre.*

cette division avait été détachée pour concourir à l'opération du général Vandamme.

Quant à ce qui restait du premier corps même, on avait pu rassembler cinq mille huit cents hommes le 31 août; deux ou trois mille autres reparurent les jours suivants. Vandamme étant tombé entre les mains de l'ennemi, ce fut le général Lobau qui reçut la mission de recueillir, de réorganiser et de commander ces débris.

XXV

LE MARÉCHAL MACDONALD EN SILÉSIE — BATAILLE DE LA KATZBACH — RETRAITE MALHEUREUSE

« Je crains bien que le jour où Votre Majesté aura remporté une victoire et cru gagner une bataille décisive, elle n'apprenne qu'elle en a perdu deux. » C'était le maréchal Marmont qui, le 15 août, avait adressé à l'Empereur ces paroles prophétiques, et ce furent d'autres malheurs que le désastre de Kulm qui justifièrent tristement ses appréhensions [1].

En quittant la Silésie, le 23 août, pour revenir à Dresde, l'Empereur avait confié au maréchal Macdonald, à la place du maréchal Ney qu'il emmenait avec lui, le commandement général des troupes, aux généraux Souham et Gérard, le commandement provisoire du troisième

---

[1] Le lendemain, 16 août, il revenait à la charge : « Enfin, Sire, je crains que, par la division que vous adoptez, le jour où vous aurez cru avoir gagné une bataille décisive, vous n'appreniez que vous en avez perdu deux. » — *Mémoires du duc de Raguse*, t. V, p. 207 et 209.

et du onzième corps [1]. Les instructions données au maréchal Macdonald lui prescrivaient de pousser l'ennemi au delà de Jauer, et de l'observer ensuite d'assez près pour qu'il ne pût se porter sans empêchement, soit sur Berlin, soit sur la Bohême. Toutefois, le gros des forces françaises devait s'établir sur la ligne du Bober, la gauche à Bunzlau, la droite à Hirschberg [2].

Le 25 août, le maréchal avait commencé son mouvement sur Jauer. Le 26, le cinquième et le onzième corps, ayant passé la Katzbach à Goldberg, attendaient la jonction du troisième corps et du deuxième de cavalerie qui devaient déboucher sur la gauche. Retardée par la difficulté des chemins et par des erreurs de marche, cette partie si considérable de l'armée n'arriva pas à temps, car déjà Blücher, avec toutes ses forces, avait engagé la bataille. Une tempête, comme celle qui, le lendemain, devait être si fatale aux Autrichiens devant Dresde, tournait, ce jour-là, sa fureur contre Macdonald. Il n'avait que de l'infanterie, et sur cinq cents fusils chargés, il ne partait pas dix coups de feu par bataillon.

---

[1] L'Empereur au major général. Lœwenberg, 23 août 1813. — 20,440. — 20,441. *Corresp.*, t. XXVI. — La correspondance imprimée nomme à tort le général *Girard;* c'est *Gérard* qu'il faut lire.

[2] L'Empereur au major général. Lœwenberg, 23 août 1813. — 20,442. *Corresp.*, t. XXVI.

L'ennemi, au contraire, avait une cavalerie nombreuse et qui tombait sur les carrés à l'improviste. Au témoignage du maréchal, la pluie, le vent et la grêle ne laissaient rien distinguer à la moindre distance. Lorsque, enfin, les deux divisions de cavalerie légère du général Sébastiani purent déboucher sur le champ de bataille, elles se trouvèrent trop faibles pour rétablir les affaires ou seulement pour donner aux cuirassiers et aux dragons qui ne les suivaient pas d'assez près le temps d'accourir. Il fallut céder le terrain, en y abandonnant des pièces et des voitures d'artillerie. Le maréchal ordonna la retraite sur Goldberg [1].

Soutenue par des hommes faits et des soldats faits, la bataille de la Katzbach n'eût pas été perdue peut-être ; elle n'eût du moins été qu'un échec réparable : avec des hommes trop jeunes et des soldats de la veille, elle fut le commencement d'un désastre. Jamais on ne verra mieux, par opposition, ce que vaut l'énergie physique et morale, la résistance du corps et de l'âme aux injures du temps, à la faim, à la soif, à toutes les misères de la guerre, ce stoïcisme, en un mot, que donne, non pas tout d'un coup, mais insensiblement, l'éducation mili-

[1] Le maréchal Macdonald au major général. Goldberg, 27 août 1813. *Archives de la Guerre.*

taire, et qui n'est, après tout, que le sentiment de plus en plus raisonné de l'honneur et du devoir.

Sur cette bataille de la Katzbach et sur ses suites, ce ne sont pas les témoignages qui manquent; mais il n'y a pas de témoin plus autorisé, plus convaincant et plus sincère que le maréchal Macdonald. On sent qu'on est en face d'un honnête homme, qui ne s'attribue pas le droit et n'a pas même la tentation de rien déguiser ni de rien taire. C'est ainsi que la vérité devient une force, et l'histoire un enseignement profitable.

En adressant, le 27, de Goldberg, son rapport au major général, le maréchal terminait ainsi : « L'armée marchera demain pour prendre sur le Bober la position prescrite par Sa Majesté, excepté, toutefois, le poste de Hirschberg que, dans les circonstances présentes, je n'occuperai point, sauf à y revenir lorsque l'armée sera remise de la situation fâcheuse où elle se trouve par ces tristes événements et par le temps affreux qui ne discontinue point et qui fait plus de mal aux troupes de Sa Majesté que les armes de ses ennemis. Le soldat, ajoutait-il quelques heures après, est dégoûté par les marches et le mauvais temps, et découragé, parce qu'il ne peut se servir du feu de son arme. » Le général Lauriston venait d'être informé qu'un seul régiment de hussards avait suffi pour mettre quatorze bataillons en déroute[1].

Dès la veille au soir, c'est-à-dire lorsque la bataille était perdue à peine, une foule de fuyards avait commencé d'affluer à Lœwenberg, et, comme le commandant s'était opposé à leur passage, ils avaient fait le tour de la ville et traversé, au risque d'y être emportés, les eaux déjà grossies du Bober. Le 27, il en arrivait à tout moment de nouvelles bandes appartenant à tous les corps, même au troisième, qui n'avait pour ainsi dire point combattu[2].

Le 28, le troisième corps et la cavalerie avaient pu regagner Bunzlau; mais le maréchal, arrêté à chaque pas par les cours d'eau débordés, se retirait péniblement avec le cinquième et le onzième corps, réduits ensemble à moins de cinq mille hommes. On ne savait ce qu'était devenue la division Puthod, du cinquième corps, laquelle avait été détachée de l'armée avant la bataille pour chasser quelques détachements prussiens des environs de Hirschberg.

Enfin, le 29, le maréchal était rentré à Bunzlau. « L'ennemi, disait-il, n'a poursuivi que

[1] Le maréchal Macdonald au major général. Goldberg, le 27 août 1813, à deux heures après midi. *Archives de la Guerre.*
[2] Le commandant d'armes à Lœwenberg au major général, 27 août, à sept heures du soir. *Archives de la Guerre.*

faiblement, mais sa cavalerie légère, l'épouvantail des fuyards, s'est montrée partout avec du canon... Nos troupes sont dans un état pitoyable, percées de la pluie pendant quatre-vingts heures consécutives, marchant dans la boue jusqu'à mi-jambe, et traversant des torrents débordés. Dans cet état, les généraux en chef ne peuvent empêcher que le soldat ne cherche un abri, son fusil lui étant inutile... Dans l'état actuel des choses, ce serait compromettre l'armée de lui faire rien entreprendre avant d'être ralliée, reposée, et ses armes en état. » Cependant il voulait au moins envoyer à la rencontre du général Puthod; mais les généraux Sébastiani, Lauriston et Souham furent, contre ce simple essai de démonstration, d'un avis unanime. Le fait est qu'elle eût été tardive, sans profit pour ceux qu'on aurait voulu sauver, et dangereuse pour le peu qui subsistait chez les autres de discipline et de bonne volonté [1].

« J'ai la douleur d'informer Votre Altesse, écrivait, ce même jour, à minuit, le maréchal, que les pluies ont occasionné une succession de désastres qui me navrent le cœur. La division Puthod n'est plus. Ses restes ont été culbutés ce

[1] Le maréchal Macdonald au major général. Bunzlau, 29 août, à trois heures du matin, à six heures, etc. *Archives de la Guerre*.

soir dans les inondations de Lœwenberg, sans qu'il ait été possible d'établir un passage pour les hommes... Je tâcherai de tenir demain la ligne du Bober, mais je ne puis me réunir que derrière la Queiss, où je choisirai une position pour livrer bataille, si toutefois les généraux parviennent à rallier leur multitude de traînards. Beaucoup ont repassé la Queiss sans qu'il ait été possible de les arrêter... Sa Majesté connaît les circonstances... Je n'ai pu prévoir ni maîtriser les éléments; ils sont cause de tous nos malheurs, car l'échec essuyé par la cavalerie était peu considérable en proportion de la force de l'armée, et eût été très réparable sans un déluge continuel de trois jours et autant de nuits... Il ne m'a pas été possible de connaître encore l'état de nos pertes et le nombre de combattants qui me reste [1]. »

---

[1] Le maréchal Macdonald au major général, Bunzlau, 29 août, à minuit. *Archives de la Guerre*.

XXVI

OPINION DU MARÉCHAL MACDONALD — APPARITION DE L'EMPEREUR A L'ARMÉE DE SILÉSIE

Le 31 août, les débris de l'armée étaient sur la rive gauche de la Queiss, à Lauban. Le cinquième corps, à cette date, avait 6,000 hommes d'infanterie, 300 chevaux et 42 bouches à feu : il comptait, le 15 août, plus de 25,000 combattants, et plus de 18,000 encore le 26. A la bataille de la Katzbach et pendant la retraite, il avait perdu 32 pièces d'artillerie.

« Il faudrait, disait le général Lauriston, pour remonter l'esprit de l'armée et la confiance, que Sa Majesté pût envoyer un corps comme celui de la Jeune Garde pour se réunir à nous; cette marche ramènerait un grand nombre de fuyards. Cependant il n'y a pas de découragement; les troupes sentent leur supériorité sur l'ennemi dans le combat, et si on lui en livre un avec ensemble, je suis sûr du succès [1]. »

[1] Le général Lauriston au major général. Lauban, 31 août 1813. *Archives de la Guerre.*

Moins confiant, moins affirmatif surtout, et sans doute plus exact, le maréchal écrivait de son côté : « Cette nuit, je ferai mon mouvement sur Gœrlitz, où se trouve une belle position couverte par la Neisse. Là, je verrai toute l'armée réunie ; j'en connaîtrai la force et je ferai sonder ses dispositions, mais je pense qu'il est encore trop tôt pour risquer une action ; ce n'est pas mon avis. Je pense, au contraire, qu'il faudrait un engagement où l'on trouverait un corps isolé ; mais il serait téméraire de lutter contre une armée beaucoup plus forte et à laquelle les éléments ont procuré des avantages marquants. D'ailleurs nous sommes sans cartouches ; elles ont été consommées ou avariées... Il nous est déjà rentré sept à huit mille hommes ; il faut qu'il y en ait encore plus du double jusqu'à Dresde. Ce qu'il y a de singulier, c'est qu'il n'y a ni terreur ni crainte. Le soldat cherchait des abris, et, en cela, il imitait trop bien l'exemple de ses officiers... Je dois, ajoutait-il le lendemain, après avoir appelé de Zittau à Gœrlitz le huitième corps, formé des régiments polonais sous les ordres du prince Poniatowski, je dois avoir ici par aperçu soixante à soixante-dix mille hommes, beaucoup sans armes, et des corps sans munitions. L'ennemi ramasse les maraudeurs, qu'aucune discipline ne peut retenir, ou, pour dire plus vrai, il y a une extrême tiédeur dans tous les grades¹. »

Après avoir rétrogradé du Bober à la Queiss, de la Queiss à la Neisse, et malgré l'adjonction du corps de Poniatowski, le maréchal Macdonald ne se croyait pas encore en mesure de tenir ferme contre une attaque de Blücher. « Il entrait dans mes vues, mandait-il de Noslitz, le 2 septembre, de rester en position à Gœrlitz ; mais je dois déclarer que la tiédeur des chefs, l'indiscipline, le maraudage, le manque d'armes pour peut-être dix mille hommes et de munitions de guerre, sont autant de motifs qui doivent déterminer Sa Majesté à rapprocher d'elle son armée, à l'effet de lui donner une plus forte constitution et de retremper tous les esprits. Je suis indigné du peu de zèle et d'intérêt que l'on met à la servir. J'y mets toute l'énergie, toute la force de caractère dont je suis capable, et il en a fallu dans la très pénible circonstance dans laquelle je me suis trouvé. Je ne suis ni secondé, ni imité. Je prie Votre Altesse, avec instance, de solliciter de Sa Majesté un autre chef pour cette armée et de me rendre uniquement au onzième corps. Je donnerai aux autres

---

[1] Le maréchal Macdonald au major général. Lauban, le 31 août 1813, à sept heures du matin. — Au même. Gœrlitz, 1ᵉʳ septembre, dix heures du soir. *Archives de la Guerre.*

l'exemple de l'obéissance, du zèle et du dévouement[1]. »

C'était l'Empereur lui-même qu'invoquait directement le général Lauriston : « Sire, nous ne sommes pas découragés. Un mot et surtout un regard de Votre Majesté électriserait toutes les têtes et inspirerait un courage sans bornes. Il faut donc que nous ressentions l'effet de sa présence, en nous rapprochant assez d'elle pour que l'armée paraisse se mouvoir chaque jour d'après ses ordres directs[2]. »

Le 4 septembre, l'Empereur arrivait à Bautzen avec la Garde et le sixième corps; le lendemain, il entrait dans Gœrlitz; mais Blücher, déjà hors d'atteinte, lui refusant encore une fois

---

[1] Le maréchal Macdonald au major général. Noslitz, le 2 septembre 1813. *Archives de la Guerre.*

[2] Voici d'autres extraits de cette même dépêche ; ils donnent sur l'état de l'armée française de Silésie des détails importants : « Le troisième corps est encore sain et vigoureux. La cavalerie du deuxième corps est bonne ; placée de la manière la plus désavantageuse, elle a fait, le 26, des choses que l'on aurait peine à attendre de vieux cavaliers. Le onzième corps est encore assez fort, à cause de la 31e division qui ne s'est pas trouvée en avant... Le cinquième corps est le plus réduit. Les journées des 19, 21, 23, lui avaient mis hors de combat près de 5,000 hommes; la journée du 26, aussi glorieuse pour lui que les autres, lui a ôté encore près de 2,000 hommes... Le 19, le corps pouvait avoir 25,000 combattants ; il devrait en rester 18,000; l'état n'en porte que 9,831. Au premier aperçu, ce serait 8,169 de perte; cependant elle peut être calculée moindre par le nombre d'hommes en arrière... » — Le général Lauriston à l'Empereur. Spittel, le 2 septembre 1813. *Archives de la Guerre.*

la chance d'une bataille, il reprit aussitôt le chemin de Dresde. Était-ce assez de cette rapide apparition pour fermer les profondes blessures de l'armée battue à la Katzbach? L'Empereur avait publiquement donné au maréchal Macdonald les plus grandes marques d'estime ; il avait rendu à son caractère, à ses vertus, à ses services, le plus légitime hommage ; il lui avait ordonné de garder le commandement : lui avait-il donné les moyens de l'exercer avec confiance? « J'éprouve beaucoup de peine, disait le maréchal, que Sa Majesté me charge de nouveau d'un fardeau que je ne suis pas en état de supporter. Les munitions de guerre manquaient et on ne les a pas remplacées. J'ai fait connaître la véritable situation de cette armée et on n'y a pas remédié. Elle n'a ni force, ni consistance, ni organisation. Votre Altesse peut néanmoins assurer l'Empereur que je ferai tout ce qui sera humainement possible avec de tels éléments [1]. »

L'Empereur avait mieux vu et jugé ces éléments, et il avait été plus frappé du désordre qu'il ne l'avait montré peut-être au maréchal Macdonald. Le 6 septembre, les fuyards et les maraudeurs eurent à réfléchir sur l'ordre suivant [2] :

[1] Le maréchal Macdonald au major général. Goerlitz, le 5 septembre 1813, à minuit. *Archives de la Guerre.*

[2] Ordres du jour de la Grande armée, 1813. *Archives de la Guerre.*

« Tout soldat qui quitte ses drapeaux, trahit le premier de ses devoirs.

« En conséquence, Sa Majesté ordonne :

« Article 1ᵉʳ. Tout soldat qui quitte ses drapeaux sans cause légitime sera décimé. A cet effet, aussitôt que dix isolés seront réunis, les généraux commandant les corps d'armée les feront tirer au sort, et en feront fusiller un.

« Art. 2. Le major général est chargé de l'exécution du présent ordre.

« Bautzen, le 6 septembre 1813.

« Napoléon. »

XXVII

MARCHE DU MARÉCHAL OUDINOT SUR BERLIN — AFFAIRE DE GROSS-BEEREN — COMMANDEMENT DU MARÉCHAL NEY BATAILLE DE DENNEWITZ — SES SUITES

Sur la route de Berlin, comme en Silésie, l'événement justifiait les craintes prophétiques du maréchal Marmont.

Le 19 août, le quatrième, le septième, le douzième corps et le troisième de cavalerie, réunis depuis la veille à Baruth sous le commandement en chef du maréchal Oudinot, étaient entrés sur le territoire prussien. Le 23, ils n'étaient plus qu'à quelques milles de Berlin, lorsque, vers la fin du jour, une violente canonnade apprit au maréchal que le septième corps était fortement engagé. Avant que le quatrième et le douzième eussent le temps de lui venir en aide, et malgré les efforts de la cavalerie légère du général Arrighi, c'en était fait; la masse de Suédois, de Prussiens et de Russes, réunis sous les ordres de Bernadotte, avait gagné la bataille de Gross-Beeren.

Cette affaire et celle de la Katzbach ont de certains rapports : le manque d'ensemble entre les corps français, la supériorité au moins numérique de la cavalerie prussienne et russe, enfin ces pluies diluviennes si funestes à l'action de l'infanterie. « Aucun fusil ne partait plus, et les soldats étaient réduits à leur baïonnette, » a dit le maréchal Oudinot dans son rapport.

Le septième corps, aux deux tiers composé de Saxons, était en pleine déroute. Dans le premier moment, la perte parut si énorme que le général Reynier se déclara hors d'état de reprendre le lendemain l'offensive, et il soutint si vivement l'avis de la retraite, quoique le quatrième et le douzième corps se fussent maintenus en assez bonne situation, que le maréchal crut devoir ramener ses troupes [1], non pas à Baruth, d'où il était parti, mais sur l'Elbe même, à Wittemberg.

Comme le général Lauriston, après l'affaire de la Katzbach, le général Bertrand affirmait que l'armée n'était pas découragée. Il poussait même beaucoup plus loin l'optimisme, car jamais le général Lauriston n'avait prétendu que ses troupes fussent devenues meilleures après leur échec, et c'était précisément la thèse que soutenait le général Bertrand : « Je ne crains point de dire

---

[1] Rapport du maréchal Oudinot au major général (du 17 au 26 août 1813). *Archives de la Guerre.*

que, quoique le quatrième corps ait quelques centaines d'hommes de moins, il est cependant bien plus redoutable pour l'ennemi; il y règne le meilleur esprit. Dans les mouvements que nous avons faits, soit en avant, soit en arrière, soit sur nos flancs, il est notoire, pour les soldats comme pour les officiers, que jamais l'ennemi n'a rien tenté avec succès, que toujours nous avons eu la supériorité, que nous ne nous sommes battus que lorsque nous l'avons voulu, aussi longtemps que nous l'avons jugé à propos et dans les positions que nous avons voulu. Le quatrième corps s'est accoutumé à manœuvrer devant l'ennemi avec calme; il vaut donc réellement mieux qu'en partant de Sprottau [1]. »

Tel n'était pas au moins l'état des troupes qui, sous les ordres du général Girard, étaient sorties de Magdebourg pour opérer sur la gauche du maréchal Oudinot. « La division Lanusse, écrivait, le 4 septembre, le général Lemarois, gouverneur de la place, est rentrée, hier soir, forte à peu près de trois mille hommes, dont partie sans armes, sans sacs, sans shakos, enfin dans un état de dénûment tel qu'on croirait qu'ils ont fait une campagne de six mois [2]. »

---

[1] Chef-lieu du cercle de Silésie, où le quatrième corps avait campé pendant l'armistice. — Le général Bertrand au major général, 31 août 1813. *Archives de la Guerre.*

[2] Le général Lemarois au major général. Magdebourg, 4 septembre 1813. *Archives de la Guerre.*

Dans les plans de l'Empereur, l'occupation de Berlin tenait la première place; le maréchal Oudinot n'ayant pas réussi, il crut que le maréchal Ney serait plus habile ou plus heureux. « Sire, écrivait, le 4 septembre, le général Lebrun, duc de Plaisance, le prince de la Moskowa est arrivé hier matin. Il a pris à l'instant des dispositions pour marcher en avant; il doit partir demain. On s'aperçoit déjà qu'il y a un chef [1]... » Malgré quelques froissements, le maréchal Oudinot avait consenti à demeurer à la tête du douzième corps, sous les ordres du maréchal Ney.

Le 5 septembre, l'armée partit de son camp sous Wittemberg; le lendemain 6, le quatrième corps, qui tenait la tête, rencontra l'ennemi au village de Dennewitz, en avant de Jüterbock. Comme à Gross-Beeren et comme sur la Katzbach, les autres corps français n'arrivèrent que l'un après l'autre, et toujours en retard; comme à Gross-Beeren, ce furent les Saxons qui, se débandant les premiers, donnèrent le signal et l'exemple de la déroute. Ce qui tenait encore dut se replier sur Torgau. Le 7, le douzième corps n'avait ensemble que quatre mille hommes

---

[1] Le duc Charles de Plaisance à l'Empereur. Devant Wittemberg, le 4 septembre 1813. *Archives de la Guerre*.

environ [1]. « Les troupes, disait le général Bertrand, se sont montrées dans les diverses circonstances de la journée, tantôt avec élan, tantôt avec ce calme qui caractérise les armées bien disciplinées [2]. » Après l'éloge qu'il avait fait quelques jours auparavant du quatrième corps, il ne pouvait pas moins dire, mais l'événement lui commandait de ne plus sortir d'une banalité vague.

Le 10 septembre, le maréchal Ney avait jugé nécessaire de passer sur la rive gauche de l'Elbe et de rétrograder jusqu'à Wurzen, aux deux tiers de la route de Torgau à Leipzig ; mais l'Empereur lui fit prescrire de se reporter en avant et de rétablir à Torgau son quartier général.

Le maréchal était mécontent de tout le monde. « C'est un devoir pour moi de déclarer à Votre Altesse, écrivait-il au major général, qu'il est impossible de tirer un bon parti des quatrième, septième et douzième corps d'armée dans l'état actuel de leur organisation. Ces corps sont réunis par le droit, mais ils ne le sont pas par le fait ; chacun des généraux en chef fait à

---

[1] Le maréchal Oudinot au major général. — Rapport sur les journées du 5 et du 6 septembre. *Archives de la Guerre.*

[2] Le général Bertrand au major général. — Rapport sur le combat du quatrième corps à Jüterbock. Torgau, le 9 septembre 1813. *Archives de la Guerre.*

peu près ce qu'il juge convenable pour sa propre sûreté. Les choses en sont au point qu'il m'est très difficile d'obtenir une situation. Le moral des généraux, en général des officiers, est singulièrement ébranlé. Commander ainsi n'est commander qu'à demi, et j'aimerais mieux être grenadier. Je vous prie, Monseigneur, d'obtenir de l'Empereur, ou que je sois seul général en chef, ayant seulement sous mes ordres des généraux de division d'aile, ou que Sa Majesté veuille bien me retirer de cet enfer. Je n'ai pas besoin, je pense, de parler de mon dévouement ; je suis prêt à verser tout mon sang, mais je désire que ce soit utilement. Dans l'état actuel, la présence de l'Empereur pourrait seule rétablir l'ensemble, parce que toutes les volontés cèdent à son génie et que les petites vanités disparaissent devant la majesté du trône[1]. »

C'était, avec plus d'accent, le langage de Macdonald. Comme lui, le maréchal Ney fut maintenu dans son commandement général, et il eut même cette satisfaction de plus que l'Empereur prononça la dissolution du douzième corps, dont les éléments furent répartis entre le quatrième et le septième[2]. Le maréchal Oudinot était appelé

[1] Le maréchal Ney au major général. Wurzen, le 10 septembre 1813. *Archives de la Guerre.*
[2] L'Empereur au major général. Pirna, 10 septembre 1813. — 20,596. *Corresp.*, t, XXVI.

à commander une partie de la Garde ; mais il restait le général Reynier, le moins docile et le plus incommode des lieutenants.

Le maréchal Ney évaluait à 28,000 hommes d'infanterie et 4,000 cavaliers l'ensemble des corps réunis sous ses ordres [1] ; mais il comptait 12,000 hommes au quatrième corps, qui n'en avait en réalité que 8,200 [2]. A l'encontre des allégations optimistes ou complaisantes, le témoignage même du maréchal Ney montre à quel point la constance du soldat était ébranlée : « Le douzième corps [3], qui marchait hier sur Domitzch, écrivait-il le 12 septembre, a rencontré quelques cosaques ; les troupes se sont abandonnées à une terreur panique telle qu'il a été très difficile de les rallier... Pour que les corps d'armée qui sont près de Torgau puissent concourir utilement à l'expédition de Berlin, il est à désirer qu'ils se réunissent le plus tôt possible aux forces que l'Empereur y conduira, et ce n'est que dans ce cas-là seulement qu'on peut compter sur le courage des troupes... S'il faut qu'ils débouchent par Torgau et forcent le passage de l'Elster, tandis que l'Empereur arrivera par Luckau, l'abat-

---

[1] Le maréchal Ney au major général. Torgau, 13 septembre 1813. *Archives de la Guerre.*

[2] Le général Bertrand au major général. Torgau, 14 septembre 1813. *Archives de la Guerre.*

[3] Il n'était pas encore dissous à cette date.

tement des troupes est tel qu'un nouvel échec est à craindre [1]. »

L'Empereur ayant jugé ces appréhensions excessives et la retraite d'abord un peu trop vite faite, le major général avait reçu l'ordre de répondre dans ce sens au maréchal Ney. « Sa Majesté, me dites-vous, répliquait celui-ci, trouve *qu'en voyant des monstres on en crée, et que, dans beaucoup de choses, elle trouve que je vais trop vite.* En vérité, la méfiance est portée à un tel point que je ne sais plus que faire pour être agréable à Sa Majesté. Un général d'armée, selon la saine raison, ne peut être une machine tellement comprimée à ne pouvoir adopter des mesures que nécessitent les circonstances. Obligé d'en rendre compte, il est toujours temps de rectifier les erreurs qui peuvent s'y glisser. Au lieu de ménagements, c'est de l'humeur qu'on me prodigue, et, j'ose le dire, injustement [2]. »

[1] Le maréchal Ney au major général. Torgau, 12 et 13 septembre 1813. *Archives de la Guerre.*
[2] Le maréchal Ney au major général. Torgau, 15 septembre 1813. *Archives de la Guerre.*

XXVIII

LETTRE CONFIDENTIELLE DU DUC DE BASSANO AU MINISTRE DE LA GUERRE — LEVÉE DE 280,000 HOMMES INCORPORATION DES RÉFRACTAIRES

Deux jours après la bataille de Dennewitz, le 8 septembre, le duc de Bassano expédiait, sous chiffre, la dépêche suivante au duc de Feltre, ministre de la guerre : « Les événements se pressent de telle manière qu'en laissant à Sa Majesté des chances heureuses et brillantes, il est cependant de la prudence d'en prévoir de contraires. Je crois devoir, mon cher duc, m'en expliquer confidentiellement avec vous.

« L'armée russe n'est pas notre ennemi le plus dangereux. Elle a éprouvé de grandes pertes, elle ne s'est pas renforcée, et, à sa cavalerie près, qui est assez nombreuse, elle ne joue qu'un rôle subordonné dans la lutte qui est engagée. Mais la Prusse a fait de grands efforts ; une exaltation portée à un très haut degré a favorisé le parti qu'a pris le souverain ; ses armées sont considérables, ses généraux, ses officiers et ses soldats sont très animés. Toutefois la Russie et la Prusse n'auraient offert que de faibles obstacles à nos armées; mais l'accession de l'Autriche a extrêmement compliqué la question.

« Notre armée, quelque prix que lui aient coûté les victoires remportées, est encore belle et nombreuse; mais les généraux et les officiers, fatigués de la guerre, n'ont plus ce mouvement qui leur avait fait faire de grandes choses. Le théâtre est trop étendu. L'Empereur est vainqueur toutes les fois qu'il est présent, mais il ne peut être partout, et les chefs qui commandent isolément répondent rarement à son attente. Vous savez ce qui est arrivé au général Vandamme; le duc de Tarente a éprouvé des échecs en Silésie, et le prince de la Moskowa vient d'être battu en marchant sur Berlin.

« Dans de telles circonstances, mon cher duc, et avec le génie de l'Empereur, on peut encore tout espérer; mais il se peut aussi que des chances contraires influent d'une manière fâcheuse sur les affaires. On ne doit pas trop le craindre, mais on doit le regarder comme possible et ne rien négliger de ce que commande la prudence.

« Je vous présente ce tableau afin que vous sachiez tout et que vous agissiez en conséquence. Vous feriez sagement de veiller à ce que les places fussent mises en bon état et d'y réunir beaucoup d'artillerie ; car nous faisons souvent dans ce genre des pertes assez sensibles. Vous devriez vous entendre secrètement avec le directeur général des vivres pour faire dans les places du Rhin des approvisionnements extraordinaires, enfin, pour préparer d'avance tout ce qui convient, afin que, dans une circonstance extraordinaire, Sa Majesté n'éprouvât point de nouveaux embarras et que vous ne fussiez pas pris au dépourvu. Vous sentez que, si je vous écris ainsi, c'est que j'ai bien réfléchi sur ce qui se passe sous mes yeux et que je me suis assuré que je ne fais rien en cela que Sa Majesté puisse désapprouver. Un grand succès peut tout changer et remettre les affaires dans la situation prospère où l'immense avantage remporté par Sa Majesté (à Dresde) les avait placées [1]. »

Trois semaines plus tard, le 27 septembre, c'était le ministre secrétaire d'État, le comte Daru, qui écrivait au ministre de la guerre : « J'ai l'honneur de prévenir Votre Excellence que Sa Majesté vient de signer le sénatus-consulte qui ordonne la mise en activité de 280,000 conscrits, savoir : 160,000 sur la conscription

[1] Le duc de Bassano au ministre de la guerre. Dresde, le 8 septembre 1813. *Archives de la Guerre.*

de 1815, et 120,000 sur les classes antérieures. Je joins à cette lettre une expédition du décret qui fixe la répartition de ces 120,000 hommes et les mesures d'exécution de cette levée. Je vais faire connaître à Votre Excellence les observations que Sa Majesté m'a ordonné de lui transmettre.

« Votre Excellence remarquera que Sa Majesté a posé sur les bons départements. Elle juge convenable qu'en écrivant aux préfets vous leur fassiez connaître que c'est aux vrais Français à soutenir la lutte dans laquelle nous sommes engagés...

« Sa Majesté désire que l'on fasse des dispositions telles qu'aucun conscrit n'ait à faire une double marche; ainsi, il ne faut pas qu'un homme de la Meurthe, par exemple, aille en Bretagne, pour revenir ensuite sur le Rhin, quand il sera habillé. Pour cet objet, l'Empereur recommande de donner aux dépôts qui sont en Bretagne des Bretons, à ceux de Normandie, des Normands, ainsi de suite, et faire en sorte qu'aucun conscrit ne fasse plus de huit jours de marche pour rejoindre son dépôt. Votre Excellence jugera qu'il est indifférent que les conscrits soient affectés à des dépôts qui sont stationnés dans leur province, puisqu'ils n'y doivent pas rester plus d'un mois et qu'ils doivent se rendre sur le Rhin bientôt après...

« Quant à la distribution des conscrits par arme, Sa Majesté y attache moins d'importance, parce que, d'après la méthode qu'on a adoptée, on peut verser d'un dépôt sur l'autre... L'intention de Sa Majesté est que chaque département fournisse le dixième pour la Garde impériale, ce qui fera douze mille hommes [1]. »

Le sénatus-consulte déjà signé, dont il est question dans cette lettre du 27 septembre, ne passa pour la forme au Sénat que le 9 octobre, et le décret de répartition qui y était joint parut avec la date « du quartier impérial du Düben », le 13 octobre 1813 [2]. Les classes atteintes étaient au nombre de sept, de 1808 à 1814 ; les départs des conscrits devaient commencer le 8 novembre et finir le 23 au plus tard.

En attendant, le ministre de la guerre épuisait les dépôts et dirigeait sur Mayence tout ce qu'il y avait de disponible et de valide. On remplissait même des cadres exclusivement de conscrits réfractaires [3] ; mais ces hommes, tirés des pri-

---

[1] Le comte Daru au ministre de la guerre. Dresde, le 27 septembre 1813. *Archives de la Guerre.* — Voir *Notes pour le ministre de la guerre.* Dresde, 27 septembre 1813. — 20,645, *Corresp.*, t. XXVI.

[2] Le duc de Cadore au ministre directeur de l'administration de la guerre. Saint-Cloud, le 23 octobre 1813. *Archives de la Guerre.*

[3] A en juger par un seul département, le nombre des réfractaires et des déserteurs à l'intérieur devait être bien considérable. « Le département de la Gironde compte en ce mo-

sons où ils étaient entassés et mal nourris, succombaient vite à la fatigue.

« D'après vos ordres, écrivait au ministre le commandant de la 25ᵉ division militaire, les 123ᵉ, 124ᵉ et 127ᵉ régiments de ligne doivent être composés de conscrits réfractaires. Ces hommes arrivent journellement au dépôt qui leur est désigné, mais ils y arrivent presque tous avec une santé délabrée et qu'on ne peut imputer qu'au séjour qu'ils ont fait dans les prisons et au peu de soin que les officiers conducteurs en ont eu en route... Il en est déjà entré 992 dans le 123ᵉ, et il ne s'en trouve de présents sous les armes que 513 ; 315 sont entrés aux hôpitaux, et 134, sur le nombre des présents, sont d'une constitution si faible que le colonel du régiment réclame leur réforme... Il existe encore, dans le dépôt des conscrits réfractaires, quelques hommes que je n'ai pas cru devoir incorporer, par la raison qu'ils ne pourront jamais porter les armes ; ils sont déconformés, petits, malingres, et plusieurs d'entre eux sont estropiés. Si ces hommes ne sont pas réformés, ils iront mourir à l'hôpital, comme cela arrive journellement... Les pertes s'élèvent à neuf et dix hommes par jour[1]. »

---

ment 1,354 réfractaires et 1,512 déserteurs à rechercher. » — Le directeur général de la conscription au ministre de la guerre. Paris, 18 septembre 1813. *Archives de la Guerre.*

[1] Le général commandant la 25ᵉ division militaire au mi-

« Le détachement arrivé aujourd'hui était dans un état pitoyable, écrivait de son côté le colonel commandant le dépôt général des réfractaires et déserteurs à Strasbourg ; sur 114 hommes dont il était composé, 45 ont dû être envoyés de suite à l'hôpital, étant presque expirants [1]. »

nistre de la guerre. Wesel, 5 octobre 1813. *Archives de la Guerre.*

[1] Le colonel commandant le dépôt général des conscrits réfractaires et des déserteurs au Directeur général de la conscription, Strasbourg, 22 octobre 1813. *Archives de la guerre.*

XXIX

LES DÉSERTEURS — RETRAITE DU DÉPÔT GÉNÉRAL DE CAVALERIE DE LEIPZIG A MAYENCE

En même temps, du fond de l'Allemagne affluaient sur le Rhin les malades, les blessés, malheureusement aussi les déserteurs. « Je suis informé, mandait le maréchal Ney, qu'un très grand nombre de fuyards, que l'on porte à six mille, qui, dès le commencement de la bataille (du 6 septembre), ont jeté leurs fusils pour mieux courir, se sont sauvés jusqu'à Leipzig [1]. »

Afin d'échapper à la gendarmerie, les déserteurs se mêlaient aux blessés, aux malades, et, d'étape en étape, ils parvenaient à gagner Mayence. Le gouverneur d'Erfurt voyait arriver des convois avec des feuilles de route délivrées en bloc pour douze cents, pour quinze cents malades ; comment s'y reconnaître ? Et les convois se succédaient tous les jours. Les blessures

---

[1] Le maréchal Ney au major général. Torgau, 13 septembre 1813. *Archives de la Guerre.*

aux mains reparaissaient en plus grand nombre qu'on n'en avait jamais vu [1].

Pour achever la confusion, le dépôt général de cavalerie en Saxe avait reçu l'ordre de rétrograder sur Fulda. C'était une colonne de 8,000 hommes et de 6,000 chevaux, avec un matériel énorme, et si démesurément allongée que la tête arrivant le 20 septembre à Weimar, la queue se trouvait encore à Lutzen.

Quelle proie offerte aux coureurs de Thielmann, aux cosaques de Platow ! On peut croire que « ce corps monstrueux, composé sous tous les rapports de l'écume de l'armée », — ainsi parlait celui qui en avait la conduite, — devait être bien mal commandé. « Je n'ai, disait ce général, qu'un très petit nombre de bons officiers ; le reste est excessivement mauvais, sans connaissances, sans subordination, sans honneur et sans courage. Je serai même obligé de provoquer la sévérité de Votre Altesse sur le compte de plusieurs qui ont abandonné lâchement leur troupe devant l'ennemi, et qui ont pris la fuite

---

[1] « Depuis le 8, les blessés arrivent en foule ; le 8, nous en avons eu 3,000, mais qui marchaient ; et, depuis ce jour, il en est arrivé plus de 4,000. Les blessés grièvement commencent à arriver... Il y a une quantité innombrable de doigts coupés, et une grande partie par le soldat lui-même... » — Le général gouverneur d'Erfurt au ministre de la guerre. Erfurt, 13 septembre 1813, *Archives de la Guerre*.

en répandant la terreur¹. » Tout cela n'était que trop vrai ; mais ce qui ne l'était malheureusement pas moins, c'est que le général ne valait pas mieux que le reste.

Les témoignages abondent ; il n'y a qu'un cri contre ce général Noirot, contre ses officiers, contre ses bandes, car ce serait déshonorer le mot de troupe que de l'appliquer à cette engeance. « On a amené ici (à Erfurt) des voitures de Leipzig, on en a pris à Weimar, on a chassé à coups de bâton les conducteurs, on a vendu les chevaux... Tout ce monde est une réunion de mauvais sujets, de lâches et d'insouciants qui tous ont la tête pleine de cosaques². »

Un jour, les paysans de Schœnberg, voulant se débarrasser de ces hôtes odieux, s'avisent de crier : *Hurra! hurra!* Aussitôt tous de fuir, jetant leurs armes, écrasant les blessés, culbutant les voitures. « Enfin, disent les rapporteurs de cette incroyable scène, depuis un grand nombre d'années que nous servons, nulle part, ni en Espagne, ni en Russie même, nous n'avons jamais été témoins d'un pareil désastre et d'une fuite aussi honteuse, ni d'une pareille ignorance,

---

¹ Le général Noirot au major général (lettre et rapport). Weimar, 20 septembre 1813. *Archives de la Guerre.*
² Le général Dalton au major général. Erfurt, 23 septembre 1813. *Archives de la Guerre.*

insouciance ou mauvaise volonté de la part d'un commandant de troupes françaises [1]. »
« C'est, dit encore le général Dalton, le modèle de la plus parfaite déroute, et cela donne une terrible idée de la situation de l'armée à des habitants qui ne réfléchissent pas que ce n'en est que l'écume [2]. Il n'y avait pas plus de désordre au passage de la Bérézina [3]. »

Comme il arrive trop souvent, ces lâches devant l'ennemi étaient impitoyables aux faibles; malheur aux pauvres gens qui se trouvaient sur leur passage [4] ! Et, comme il arrive trop souvent aussi, ce fut sur des innocents, sur des blessés, sur des malades, que la colère et la haine, allumées par ces excès dans l'âme exaspérée des populations, en firent tomber les représailles et la vengeance. « Les malheureux blessés et malades n'arrivent à Erfurt qu'à travers mille dangers, écrivait le général Dalton; poursuivis par

---

[1] Déclaration des courriers de l'armée envoyés au major général par le maréchal Kellermann. Mayence, 23 septembre 1813. « La déclaration des courriers m'a été confirmée par des officiers revenant de l'armée, et ayant marché avec la colonne aux ordres du général Noirot. » Le maréchal Kellermann au ministre de la guerre. Mayence, le 30 septembre 1813. *Archives de la Guerre.*

[2] Le général Dalton au maréchal Kellermann. Erfurt, 25 septembre 1813. *Archives de la Guerre.*

[3] Le général Dalton au maréchal Augereau. Erfurt, 25 septembre 1813. *Archives de la Guerre.*

[4] Le général Dalton au général Préval. Erfurt, 25 septembre 1813. *Archives de la Guerre.*

les partis, repoussés par les paysans, effrayés par d'autres, ils errent de village en village, vivant le plus souvent de fruits non mûrs. Aussi sont-ils dans un état d'épuisement et de maladie pitoyable... Ce passage des dépôts de cavalerie a désorganisé le service des transports depuis Leipzig jusqu'à Fulda [1]. »

C'était à Fulda qu'aurait dû s'arrêter « ce torrent dévastateur »; mais sur la pente où il roulait, rien ne put le retenir jusqu'à Mayence. Le général Noirot fut mis en prison par ordre du maréchal Kellermann; puis, comme il continuait de rejeter tout le mal sur l'insubordination des officiers, l'Empereur se contenta de le frapper de destitution. Quant à cette bande de misérables, affolés de terreur, le maréchal Kellermann s'efforçait, sans grand espoir, d'y rétablir quelque discipline [2]. Aussi bien, les difficultés de son rôle, si actif depuis le commencement de la campagne, croissaient-elles chaque jour dans des proportions effrayantes.

L'Empereur lui avait mandé de Dresde, le 25 septembre, d'arrêter à Mayence les fuyards et traînards qui quittaient l'armée en foule, de les

---

[1] Le général Dalton au ministre de la guerre. Erfurt, 13 octobre 1813. *Archives de la Guerre.*
[2] Le maréchal Kellermann au ministre de la guerre. Mayence, 30 septembre, 7 et 19 octobre 1813. *Archives de la Guerre.*

enfermer dans la citadelle, de leur donner des habits, des équipements, des armes, et de les renvoyer sur Leipzig en bataillons de marche. Chose incroyable, si elle n'était pas attestée par Kellermann lui-même, la plupart de ces déserteurs étaient des hommes de choix. « Cela fera de fort beaux bataillons, » disait-il ; c'était de bons bataillons, qu'il aurait fallu dire ; mais sa confiance n'allait pas jusque-là [1].

« Sire, écrivait-il à l'Empereur, j'ai bien eu la preuve que, dans le nombre de ces fuyards, il y en avait qui avaient été mis totalement en état et à neuf, il y a seulement deux et trois mois ; mais il est impossible de se faire une idée de l'état pitoyable dans lequel reviennent la presque totalité de ces hommes, sans armes, sans shakos, sans habits, sans pantalons même et sans souliers. Ils se seraient pour la plupart défaits exprès de tout ce qu'ils ont reçu, avant de passer le Rhin et d'aller à l'armée, qu'ils ne seraient pas dans une nudité plus complète. » Sur quoi, le maréchal soumettait à l'Empereur un projet de loi dont l'article 1er était ainsi conçu : « Tout soldat, de quelque arme qu'il soit, qui vendra ses effets d'habillement et d'équipement,

---

[1] Le maréchal Kellerman au ministre de la guerre. Mayence, 30 septembre 1813. *Archives de la Guerre.*

ses armes et ses cartouches, sera fusillé ainsi que l'acheteur [1]. »

[1] Le maréchal Kellermann à l'Empereur. Mayence, 10 octobre 1810. — Au ministre de la guerre, 11 octobre. *Archives de la Guerre.*

XXX

MISÈRE DES TROUPES — EXPÉDIENTS POUR LES FAIRE VIVRE

À l'armée, pendant ce temps, ceux que maintenait encore la discipline et ceux qui, par honneur et par devoir, restaient fidèles au drapeau, avaient la plus grande peine à vivre. De même que c'était un mot d'ordre parmi les généraux alliés de refuser toute rencontre avec l'Empereur, c'en était un aussi de harceler sans cesse les troupes françaises, de les attirer tantôt sur un point, tantôt sur un autre, en un mot, de les fatiguer en marches et contre-marches inutiles. L'Empereur, ayant pénétré ce dessein, avait rapproché tous ses corps de Dresde et de Leipzig, de sorte que, par le soutien qu'ils se donnaient mutuellement, ils imposaient davantage à l'ennemi, devenu de son côté moins turbulent et moins hardi. Ainsi resserrée dans un plus étroit espace, sur un pays depuis cinq mois traversé en tout sens, épuisé, foulé par plus de 100,000 hommes, si l'armée française gagnait en sécurité, elle perdait la meilleure partie de ses moyens de vivre.

Le premier, le deuxième et le quatorzième corps, établis au débouché des défilés de la Bohême, étaient les plus maltraités. Le maréchal Gouvion Saint-Cyr, dès le 3 septembre, signalait le découragement de ses soldats mal nourris. « On ne peut plus les tenir dans les camps, disait-il ; la faim les chasse au loin pour trouver quelque chose pour subsister, et il est à craindre, sous peu de jours, une désorganisation complète, si on ne peut leur fournir des subsistances. Le pays est ruiné, la ressource des pommes de terre même s'épuise [1]. » Mêmes plaintes du maréchal Victor, avec cette conclusion : « Il n'y a que l'administration générale de l'armée qui puisse faire cesser la misère qui accable le deuxième corps [2]. » L'administration générale de l'armée ne savait elle-même où chercher des ressources. L'Empereur avait approuvé la réduction de la ration de pain au tiers, c'est-à-dire à

---

[1] Le maréchal Gouvion Saint-Cyr au major général. Liebstadt, 3 septembre 1813. — Voir aussi une autre lettre du même au même, au 13 septembre, et, à la même date, trois lettres des généraux divisionnaires du quatorzième corps au maréchal commandant en chef. *Archives de la Guerre.*

[2] Le maréchal Victor au major général. Dippoldiswalda, 14 septembre 1813. *Archives de la Guerre.*

huit onces [1], le surplus devant être fourni, autant que possible, en riz ou en pommes de terre.

Cependant le maréchal Gouvion Saint-Cyr insistait [2]. « De toute part on crie misère, et la désorganisation fait d'effrayants progrès, » disait, de son côté, le général Lobau, commandant le premier corps [3]. Enfin l'Empereur écrivait au comte Daru : « L'armée n'est point nourrie. Ce serait une illusion que de voir autrement. Vingt-quatre onces de pain, une once de riz et huit onces de viande sont insuffisants pour le soldat. Les règlements de tous les temps accordaient au soldat en guerre vingt-huit onces de pain, et cela n'était même regardé comme suffisant qu'en y ajoutant les légumes et les pommes de terre qu'il pouvait se procurer dans le pays. Aujourd'hui vous ne donnez que huit onces de pain, trois onces de riz et huit onces de viande. Le soldat ne vit qu'au moyen de la grande consommation de viande qu'il fait... Les trois onces

---

[1] « Comme je ne donne qu'un tiers de ration en pain... » Extrait d'une lettre de l'Empereur, cité à la marge d'une lettre de M. Daru à l'Empereur. Dresde, 13 septembre 1813. *Correspondance originale de l'Empereur*, 1813, t. XI. *Archives de la Guerre*.

[2] Le maréchal Gouvion Saint-Cyr à l'Empereur. Liebstadt, le 14 septembre 1813. *Archives de la Guerre*.

[3] Le comte de Lobau au major général. Gieshubel, 20 septembre 1813. *Archives de la Guerre*.

de riz qu'on donne aujourd'hui pourraient être supprimées, si on donnait vingt-quatre onces de pain... Une once de riz et vingt-quatre onces de pain formeraient une très bonne ration ; une once de riz représenterait les quatre onces de pain qui manquent pour aller de vingt-quatre à vingt-huit. Les pommes de terre et les légumes trouvés par le soldat, dans le pays, équivaudraient aux deux onces de légumes qu'on doit lui donner... Pour faciliter l'administration, on pourrait donner les vingt-quatre onces en seize onces de pain et huit onces de blé en grain... Le troisième, le cinquième et le onzième corps n'ont pas eu de riz depuis cinq jours ; leurs soldats sont donc réduits à huit onces de pain. Je voudrais donner l'ordre que tous les corps eussent la ration de vingt-quatre onces de pain et une once de riz [1]... »

Tous ces expédients et tous ces calculs ne font que mettre en évidence la difficulté du problème à résoudre : la matière alimentaire manquait. La ration de pain demeura, comme elle était, réduite à huit onces [2]. Cette question, d'ailleurs, allait se perdre avec tant d'autres dans l'événement décisif de cette laborieuse campagne.

---

[1] L'Empereur au comte Daru. Hartau, 23 septembre 1813. — 20,619. *Corresp.*, t. XXVI.

[2] Le maréchal Gouvion Saint-Cyr à l'intendant général. Dresde, 9 octobre 1813. *Archives de la Guerre.*

XXXI

RÉDUCTION DE L'EFFECTIF — BATAILLE DE LEIPZIG
RETRAITE DES DÉBRIS DE L'ARMÉE

On peut évaluer à 225,000 hommes, en comptant le corps d'Augereau qui arrivait de Wurzbourg, l'ensemble des forces réunies, à la fin de septembre, sous la main de l'Empereur, en Saxe; mais il faut remarquer que ce chiffre est un maximum et qu'il comprend, sans parler des Italiens et des Polonais fidèles à la France, un nombre considérable d'Allemands, Saxons, Bavarois, Wurtembergeois, Hessois, Westphaliens, Badois mal disposés, servant mal et tout prêts à changer de parti.

Il y avait longtemps que le maréchal Ney avait signalé le mauvais esprit et le mauvais service de ces alliés dangereux, des Saxons surtout. « Il n'est pas douteux, disait-il, le 12 septembre, que ces troupes, particulièrement la cavalerie, ne tournent leurs armes contre nous à la première occasion [1]. » Dans la nuit du 22 au 23, le régiment du roi de Saxe, qui était aux avant-postes devant Düben, passa tout entier à l'ennemi, le major en tête [2].

Du 1er au 16 octobre, en quinze jours de combats quotidiens, de marches continuelles, le feu, la boue, les privations, les maladies, la maraude, la désertion avaient fait perdre à la Grande armée plus de 25,000 hommes ; 30,000 du premier corps et du quatorzième étaient restés à Dresde, avec le maréchal Gouvion Saint-Cyr ; l'Empereur, dans la première des journées de Leipzig [3], n'eut

---

[1] Le maréchal Ney au major général. Wurzen, 10 septembre. — Torgau, 12 septembre 1813. *Archives de la Guerre.*

[2] Le maréchal Ney au major général. Düben, 23 septembre 1813. *Archives de la Guerre.*

[3] Il convient d'analyser ou plutôt d'énumérer seulement ici les divers actes, simultanés ou successifs, dont se compose le drame sanglant qui porte le nom de bataille de Leipzig. La journée du 16 octobre, la première, comprend trois actions distinctes : la bataille de Wachau, livrée sans désavantage par l'Empereur en personne, au sud de la ville ; au nord, la bataille de Mockern, soutenue par Marmont qui, devant les forces supérieures de Blücher, fut obligé de céder du terrain ; à l'ouest le combat de Lindenau, qui maintint libre la ligne de communication de l'armée avec la Thuringe. La journée du 17 fut, pour les combattants épuisés des deux parts, une journée de repos, malheureusement pour l'Empereur, une journée d'hésitation. Il se décida trop tard à la retraite. Le 18, les premiers mouvements d'évacuation étaient à peine commencés, lorsqu'une attaque générale et furieuse des alliés arrêta les troupes françaises qui se concentraient dans Leipzig. Ce jour-là fut livrée la grande bataille, celle qu'on appela la bataille des *Géants* ou des *Nations*. Malgré la défection des troupes saxonnes, l'ennemi put être néanmoins contenu hors de la ville. A la nuit close, les dispositions de retraite furent reprises, mais, dès le point du

donc pas plus de 170,000 combattants à mettre en ligne. Les coalisés en eurent 220,000 ce jour-là, et, comme des renforts leur arrivaient à mesure que s'affaiblissait l'armée française, dans cette journée fatale du 18 octobre, où les divisions saxonnes consommèrent, en pleine bataille, la défection prédite par le maréchal Ney, il se trouva que les Français soutinrent, un contre trois, une lutte héroïquement inégale.

La retraite, après un retard funeste de vingt-quatre heures, avait été ordonnée et commencée dans la matinée même du 18; le quatrième corps et deux divisions de la Jeune Garde, sous les ordres du maréchal Mortier, s'étaient ouvert la route de Markranstadt et avaient occupé, le lendemain, sur la Saale, le pont de Weissenfels. Ce fut là qu'ils apprirent et la bataille générale du 18, qui avait empêché leurs camarades de les suivre, et la catastrophe du 19, au pont de Lindenau; ce fut là qu'ils virent arriver les débris mutilés et confondus de sept corps d'armée, de cinq corps de cavalerie, d'une artil-

jour, le 19, la lutte recommença violemment dans la ville même. Tandis qu'une partie de l'armée s'écoulait péniblement par l'étroit et long défilé de Lindenau, la destruction trop hâtée de l'unique pont jeté sur le principal bras de l'Elster coupa la retraite aux débris du cinquième, du septième, du huitième et du onzième corps, et les laissa à la merci du vainqueur, avec deux de leurs généraux en chef, Reynier et Lauriston. Le prince Poniatowski avait péri, noyé, en essayant de franchir à cheval le bras de l'Elster.

lerie considérable, et, tout à la fin de cette longue colonne, ce qui restait des deux autres divisions de la Jeune Garde; c'étaient elles qui, depuis Leipzig, n'avaient pas cessé, sous la ferme conduite du maréchal Oudinot, de couvrir et d'assurer la retraite.

Il y avait là 80,000 hommes peut-être ; mais lorsque, étant passés sur la rive gauche de la Saale, ils se sentirent moins exposés aux coups de l'ennemi, le peu d'ordre qui les avait jusque-là retenus ensemble disparut beaucoup plus tôt que le danger même. Tous ne s'écartèrent pas, il est vrai ; mais, des deux côtés de la route, il se forma des bandes chaque jour grossies et recrutées par la défaillance du sentiment militaire. Les noms de traîneurs et de maraudeurs ne suffisaient plus, les vrais soldats en inventèrent un nouveau pour ces débandés: ils les appelèrent les *fricoteurs*. L'ennemi les enlevait par centaines. Un jour, en dix minutes, le maréchal Oudinot en ramassa douze cents, et il en fit fusiller deux pour exemple [1]. Exemple perdu; le mal était incurable. Deux jours après, le maréchal Mortier écrivait : « Les flanqueurs ont trouvé dans les villages, sur les côtés de la route, une quantité de soldats isolés qui s'éta-

---

[1] Le maréchal Oudinot au major général. Eckartsberg, 23 octobre 1813. *Archives de la Guerre.*

blissaient dans les maisons et les pillaient... La route d'Erfurt ici en était également couverte.¹ »

Cependant les braves de l'arrière-garde ne se lassaient pas, avec un dévouement admirable, de se sacrifier pour ces indignes compagnons. « L'immense quantité de traînards qui affluaient de toutes parts, écrivait encore le maréchal Mortier, m'a forcé de prendre position pour donner à ces malheureux le temps de se retirer. Je finis même par en rallier trois ou quatre mille et à les mettre en ligne ; j'en avais formé deux régiments, et j'y avais mis quelques officiers et sous-officiers ; mais, la nuit dernière, ils se sont de nouveau dissous, malgré les peines qu'on s'était données pour les maintenir... Il y a, parmi les isolés, des hommes blessés et des malades, et ceux-là sont vraiment à plaindre ; il en est mort plusieurs sur la grande route ; mais il en est beaucoup de bien portants et bien armés dont on pourra tirer parti, lorsqu'il sera possible de les arrêter. J'avais eu l'idée d'en mettre quatre ou cinq mille en subsistance dans les deuxième et quatrième divisions de Jeune Garde; mais la dissolution subite des régiments que

---

¹ Le maréchal Mortier au major général. Au bivouac près Grabsleben, 25 octobre 1813. *Archives de la Guerre.*

j'avais formés hier m'a fait craindre que cela ne produisît un mauvais effet [1]. »

« Il me faut des hommes et non des enfants. On n'est pas plus brave que notre jeunesse ; mais, sans force, elle peuple les hôpitaux, et même, à la moindre incertitude, cette jeunesse montre le caractère de son âge. Il faut des hommes pour défendre la France [2]. » C'est en termes bien adoucis et avec d'extraordinaires ménagements que l'Empereur parlait et concluait ainsi du désordre effroyable qu'il avait devant les yeux. S'il eût été possible, il eût sans doute mieux aimé dire : « Il me faut des soldats et non des conscrits. » L'homme fait n'est, pour ainsi parler, que la matière première du soldat fait, du vrai soldat [3]. Ce furent surtout des soldats faits, les grenadiers et les chasseurs de la Vieille Garde, qui, le 30 octobre, à Hanau, renversèrent le dernier obstacle que la présomption des Ba-

---

[1] Le maréchal Mortier au major général. Tlieden, 29 octobre 1813. *Archives de la Guerre.*
[2] L'Empereur au général Clarke. Gotha, 25 octobre 1813. — 20,835. *Corresp.*, t. XXVI.
[3] Après avoir cité cette conclusion de l'Empereur, M. Thiers ajoute, avec beaucoup de profondeur et de justesse : « Napoléon, sans doute, avait raison ; mais des hommes faits, qui auraient compté si peu de temps de présence au drapeau, et qu'on eût, pour leur début, soumis à de pareilles épreuves, ne les auraient pas beaucoup mieux supportées. Ils auraient seulement fourni moins de malades aux hôpitaux. » — *Histoire du Consulat et de l'Empire*, t. XVI, p. 633.

varois s'était flattée d'opposer invinciblement au retour des restes de l'armée en France.

Il y avait cependant un obstacle encore, mais non plus du fait de l'ennemi. C'était cette multitude de maraudeurs, de traînards, d'isolés, pour employer le terme militaire, encombrant les routes, obstruant les passages, empêchant l'action des colonnes régulières, mettant en un mot le comble au désordre de cette fin de retraite.

L'officier général chargé de la police de l'armée, le général Radet, grand-prévôt, commandant la gendarmerie, s'indignait de cette confusion anarchique, et, dans un langage emphatique et ridicule peut-être, mais inspiré par un sentiment sincère, il réclamait contre les isolés la répression la plus énergique. « Rien ne peut les arrêter que le Rhin où il faut des vivres et décimer, selon l'ordre du jour de l'Empereur, écrivait-il au major général. Votre Altesse le sait aussi bien que moi, mais je ne puis me tenir d'observer qu'il faut une organisation nouvelle des isolés et un grand exemple sur ceux non blessés et sans armes, si l'on veut rétablir l'ordre et la discipline dans l'armée, sans quoi ces sangsues dévastatrices et incendiaires reporteront en France le fléau des horreurs et des crimes auxquels ils se sont habitués. L'Empereur victorieux à Hanau comme à Lutzen donne seul des lois à son armée; qu'il prononce, et son grand-prévôt fera exécuter 1. »

1 Le général Radet au major général, Du pont de Höchst, le 31 octobre 1813, à huit heures et demie du soir. *Archives de la Guerre.*

XXII

RESSOURCES ET DISPOSITIONS POUR LA DÉFENSE DU RHIN
LE TYPHUS DE MAYENCE — LEVÉE DE GARDES
NATIONALES — LEUR DÉNÛMENT

Enfin, le 4 novembre, l'armée rentra dans Mayence. Trois maréchaux furent chargés de commander sur la ligne du Rhin, le maréchal Victor, de Bâle à Germersheim, Marmont, de Germersheim à Coblentz, Macdonald, de Coblentz à Nimègue. Établi à Metz, le maréchal Kellermann y continua l'œuvre qu'il avait poursuivie à Mayence pendant toute la campagne ; c'était lui qui organisait et envoyait dans les corps les conscrits tirés des dépôts et les déserteurs que la gendarmerie ramassait dans les départements de l'intérieur ; à dire vrai, c'était peu de chose.

Tout compte fait, les troupes régulières cantonnées sur la rive gauche du Rhin ne s'élevèrent pas, du 15 novembre au 1er décembre, au delà de 85,000 hommes, et, depuis cette dernière date, elles allèrent en diminuant d'une manière effrayante tous les jours. Un fléau, un mal qui s'abat sur les armées ravagées par la misère, découragées par la défaite, quelquefois même,— nous l'avons vu en Crimée,— sur les armées victorieuses, le typhus, s'était attaché aux débris qui revenaient d'Allemagne et, par eux, il gagnait et infectait les jeunes soldats qui, de l'intérieur de la France, étaient amenés sur le Rhin. Un souvenir et une expression qu'on appellerait légendaires, si la légende n'était dépassée par la réalité même, sont demeurés de ces déplorables suites des malheurs de 1813 : l'histoire, en les recueillant avec tristesse, doit nommer « le typhus de Mayence ».

« Les troupes sont au bivouac, sans moyen de se baraquer et de se procurer des vivres, écrivait le général Bertrand. Des hommes déjà fatigués et affaiblis par les suites de la campagne peupleront bientôt les hôpitaux, si on ne met la plus grande exactitude à les nourrir. Je ne fais cette observation que par l'extrême importance que j'attache à conserver à l'Empereur une armée si précieuse dans le moment actuel[1]. » C'était, il est vrai, le 6 novembre, dans les premiers embarras du retour, que le général Bertrand écrivait de la sorte ; mais, dix jours plus tard, il

[1] Le général Bertrand au major général. Hochheim, 6 novembre 1813. *Archives de la Guerre.*

était obligé de réclamer encore ; les malades du quatrième corps se pressaient aux portes des hôpitaux, qui ne suffisaient plus à les contenir. Toutefois, circonstance importante et que le général se plaisait à noter, le soldat commençait à recevoir sa ration et à trouver chez l'habitant un abri contre le froid et la neige [1].

Le général Bertrand, à qui il coûtait beaucoup de se plaindre, rentrait donc volontiers dans son optimisme habituel. Cependant voici le témoignage tout contraire d'un officier non moins zélé : « La mesure de faire vivre les troupes chez l'habitant est tout à fait nuisible aux intérêts de l'Empereur, disait le général Belliard. Les paysans effrayés abandonnent leurs maisons, et les troupes ne mangent plus de pain ni de viande. Elles se nourrissent de légumes, ce qui appauvrit la santé du soldat et encombre les hôpitaux. Il serait bien urgent de prendre des mesures pour que des distributions régulières fussent faites aux troupes [2]. »

A toutes les réclamations, le major général et surtout le ministre de la guerre répondaient invariablement par des promesses, par l'annonce d'un grand élan national, par le présage et pour

[1] Le général Bertrand au major général. Mayence, 16 novembre 1813. *Archives de la Guerre*.
[2] Le général Belliard au major général. Mayence, 15 novembre 1813. *Archives de la Guerre*.

ainsi dire la vision d'une armée de 600,000 soldats au printemps. En effet, une levée de 300,000 hommes, à reprendre sur les douze classes de 1803 à 1814, venait d'être décrétée[1]; mais comme le résultat n'en pouvait pas être immédiat, ni prochain même, le ministre de la guerre avait donné l'ordre d'organiser en cohortes urbaines la garde nationale des huit places suivantes : Besançon, Huningue, Belfort, Neuf-Brisach, Schlestadt, Strasbourg, Lauterbourg, Landau, et de former dans chacun des départements du Haut-Rhin, du Bas-Rhin, des Vosges, de la Meurthe, de la Moselle, de la Haute-Marne et de la Haute-Saône, une légion de cohortes actives [2].

Il faut lire, au sujet de cette levée de gardes nationales, ce que mandait au major général le préfet de la Moselle :

« Je ne dois pas dissimuler à Votre Altesse que cette organisation se fait avec une peine infinie. Les bruits exagérés qui ont retenti dans le département, les mensonges les plus ridicules,

---

[1] Sénatus-consulte du 15 novembre 1813, autorisant la levée de 300,000 conscrits des classes depuis l'an XI inclus jusqu'à 1814 inclus, dont 150,000 à mettre de suite en activité, et 150,000 en réserve jusqu'à la violation de la frontière de l'Est.

[2] Rapports du ministre de la guerre à l'Empereur. Paris, 21 et 26 octobre 1813. *Archives de la Guerre.* — Le ministre avait étendu le projet de cette levée aux départements du Doubs, du Jura, de l'Ain, de Saône-et-Loire, de la Côte-d'Or et de l'Yonne; mais l'Empereur n'y donna pas son assentiment.

l'arrivée des blessés, la levée simultanée des conscrits, ont jeté une sorte de terreur dans l'esprit des jeunes gens et surtout de leurs parents qui les accompagnaient. A peine les avais-je réunis qu'ils désertaient par centaines ou se cachaient dans la ville. J'ai été forcé d'employer des patrouilles à cheval pour les faire marcher au lieu de l'organisation; pendant quatre jours j'ai employé cette mesure, et j'ai procédé à l'organisation depuis le matin jusqu'au soir sans désemparer; elle est maintenant en pleine activité... Je regrette infiniment de ne pas envoyer les compagnies complètes; mais telle est la disposition des esprits que je n'aurais pu terminer l'organisation avant un très long délai, si je n'avais pris le parti de faire partir sur-le-champ les compagnies incomplètes... Je m'apercevais que plus l'organisation se retardait, plus le nombre des absents augmentait... On ne désobéit pas ouvertement, mais on élude les ordres de cent façons; on se montre et on disparaît continuellement. Pendant ce temps, les parents portent leurs réclamations jusqu'à une espèce de violence que je n'ai jamais vue... Les officiers sont des jeunes gens pleins d'ardeur et de familles aisées; mais malheureusement le nombre en est épuisé; je n'en trouve plus [1]. »

[1] Le préfet de la Moselle au major général. Metz, 16 novem-

Les cohortes de la Moselle étaient pourvues, par les soins de leur préfet, d'habits convenables à la saison ; mais il en était d'autres à qui l'on n'avait donné que des bonnets de police et des pantalons de toile[1]. Il en était enfin qui arrivaient à peu près nues. Était-ce un renfort à donner confiance aux troupes réglées dont les postes étaient tellement disséminés sur la frontière et si faibles qu'ils n'étaient, selon l'expression d'un aide de camp du ministre de la guerre, qu'une toile d'araignée[2] ?

---

bre 1813. — « Je regrette de vous dire que cinq compagnies (de la Moselle) ont éprouvé en route une désertion énorme. Une compagnie est arrivée réduite à vingt-quatre hommes, et une autre n'en comptait que seize. » Le major Baltazar, aide de camp du ministre de la guerre, au ministre. Strasbourg, le 3 décembre 1813. *Archives de la Guerre.*

[1] Le major Baltazar au ministre de la guerre. Mayence, le 12 novembre 1813. *Archives de la Guerre.*

[2] Le major Baltazar au ministre de la guerre. Oggersheim, 16 novembre 1813. *Archives de la Guerre.*

XXXIII

REMONTRANCES DES MARÉCHAUX VICTOR ET MARMONT
OBSERVATIONS SUR L'ARMEMENT DES GARDES
NATIONALES

Le maréchal Victor, chargé de la défense du Rhin supérieur, écrivait, le 17 novembre, au ministre : « Je n'ai jamais douté des efforts que l'Empire ferait pour se garantir d'une invasion. Je savais que l'appel fait aux Français par l'Empereur serait accueilli et que chacun prendrait les armes pour repousser les ennemis. Je ne vois rien de surprenant dans la réunion des 600,000 hommes qui se destinent à défendre une si belle cause ; mais cette réunion, monsieur le duc, ne promet encore que des secours éloignés, et il en faut ici dans le moment même. Les ennemis menacent de passer le Rhin avec de grandes forces, et nous n'avons rien, absolument rien à leur opposer. Nos places de guerre sont hors d'état de se défendre, puisqu'elles ne sont pas réparées, que leur armement et leur approvisionnement sont loin d'être complets, et surtout, — ce que je prie Votre Excellence de remarquer, — qu'elles n'ont pas le cinquième de leurs garnisons; encore ce cinquième est-il composé de gens sur lesquels on ne peut pas compter [1]. Outre cette remarque, Votre Excellence voudra bien aussi faire attention qu'il n'existe dans la cinquième division militaire aucun soldat disponible que l'on puisse mettre en campagne.

« Vous comptez, monsieur le duc, sur des cohortes urbaines et sur des légions départementales pour défendre les places et l'intérieur de cette division : mais ces cohortes et ces légions n'existent qu'en partie et dans un tel état de dénûment qu'elles ne peuvent rendre aucun service. Seraient-elles même au complet et pourvues de tout ce qui leur est nécessaire, qu'il faudrait encore attendre qu'elles sussent charger leurs armes... Je suppose même que leur organisation soit achevée et que tous les soldats qui les composent soient armés, je ne pourrais encore disposer, dans ce cas, que de 10,800 hommes, habiles à manier les armes comme Votre Excellence doit le penser, et cela pour former les garnisons de six places de guerre où il en faut 33,000, et pour défendre l'intérieur du pays, dans le cas où l'en-

---

[1] C'étaient, pour le plus grand nombre, des conscrits réfractaires.

nemi passerait le Rhin... Cet état de choses, qui est de la plus grande vérité, ne peut pas être amélioré par des promesses de secours éloignés ; ces secours sont très pressants et je ne puis me dispenser de prier très instamment Votre Excellence de les solliciter de l'Empereur [1]. »

Il ne faudrait pas croire que le maréchal Victor perdît son temps en récriminations vaines ; il faisait activement réparer et relever les ouvrages des places, et, à mesure que les Gardes nationales arrivaient, il leur donnait des armes. Des cinq légions qui lui étaient destinées, une seule était complète et bien composée, la légion des Vosges ; le maréchal lui avait confié la garde de Neuf-Brisach, car, si Neuf-Brisach eût dû n'être gardé que par sa cohorte urbaine, il ne l'eût pas été le moins du monde [2]. Rien de plus misérable et de plus défectueux, en général, que ces cohortes urbaines, composées de pauvres gens non seulement de la place même, mais des villages voisins, et qui, ne recevant ni solde ni vivres, s'en allaient chez eux le soir, et le

---

[1] Le maréchal Victor au ministre de la guerre. Strasbourg, 16 et 17 novembre 1813. *Archives de la Guerre.*

[2] « La cohorte urbaine de Neuf-Brisach et environs était composée, ce matin, de quatre officiers et de trois cent soixante-dix hommes ni armés, ni habillés ; mais, ce soir, tout manquait presque à l'appel. Ces hommes étaient presque tous mariés et pères de famille. » M. de Beauvau au ministre de la guerre, 8 novembre 1813. *Archives de la Guerre.*

lendemain n'étaient plus pressés de revenir.

Le maréchal Marmont s'était imaginé qu'il était de son droit et de son devoir de faire distribuer des vivres de campagne aux gardes nationales de son commandement, et il avait été blâmé. « Je n'ai pas supposé un instant, répondait-il au major général, qu'il pût être mis en question si des troupes, qui n'ont plus de solde et qui sont loin de chez elles, devaient recevoir des vivres. Il n'y a pas de doute que si j'eusse pris cette mesure quatre jours plus tard, ces corps, qui sont réduits au tiers par la désertion, n'existeraient plus du tout... Et il faut convenir qu'il faudrait une haute vertu pour que de nouvelles troupes, dont les officiers ont peu d'énergie et sur lesquelles ils ont peu d'empire, que des troupes qui n'ont ni habillement, ni solde, ni vivres, puissent résister aux suggestions des gens malintentionnés et au désir fort naturel de rentrer chez elles. »

Un autre grief que repoussait le maréchal était d'avoir fait donner du vin aux troupes régulières que ravageait un mal épidémique. « Lorsque Sa Majesté réfléchira, disait-il, que la vingtième division, par exemple, qui, il y a trois semaines, était forte de près de 9,000 hommes, n'en a pas aujourd'hui 4,000, que le quatrième corps, qui avait 22,000 hommes, n'en a pas

9,000 en état de servir, et que, la maladie continuant sur le même pied, il n'y aura plus personne sous les armes dans trois semaines, j'ose espérer que Sa Majesté sera convaincue qu'il n'y a point de remèdes ni trop prompts ni trop énergiques qui puissent être mis en usage pour arrêter ce fléau, et que quelque légère dépense en ce moment, en conservant la vie et la présence à l'armée de bien des hommes, épargnera la dépense de plusieurs millions.[1] »

Il y avait cependant un reproche dont le maréchal Marmont prenait encore moins son parti. On le blâmait d'avoir donné aux gardes nationales des fusils en état de faire feu, et non point des armes de rebut[2]. « Ces troupes, répliquait-il, ont été armées avec des armes en état, soit réparées ou neuves, parce que ces troupes font un service actif sur le bord du Rhin. Leur donner des armes (dites) à réparer, c'est tout à la fois les mettre hors d'état de rendre aucune espèce de service, non seulement réel, mais même

---

[1] Le maréchal Marmont au major général. Mayence, 11 décembre 1813. *Archives de la Guerre*.

[2] « L'armement est à peu près hors de service; beaucoup de chiens et batteries manquent. » C'était au sujet d'une cohorte de la garde nationale de Cherbourg que le général, commandant l'île de Cadzand, écrivait ainsi au gouverneur d'Anvers, le 23 décembre 1813. Tel aurait dû être, d'après le major général, l'armement des gardes nationales envoyées au maréchal Marmont.

d'opinion. C'est compromettre évidemment le service, parce qu'on suppose que, partout où sont des troupes armées de fusils, ces troupes peuvent s'en servir ; c'est dégoûter et humilier des gens qui ont besoin d'être encouragés... Si Sa Majesté, vu le besoin qu'on éprouve d'armes, ne veut pas qu'il soit délivré aux gardes nationales des fusils en état de faire feu, il me paraît qu'il est plus convenable au bien de son service de les renvoyer chez elles, en motivant leur retour sur la saison avancée, et conservant ainsi la faculté de faire usage de leur bonne volonté plus tard. Enfin, si Sa Majesté ne veut pas les renvoyer, et tient à ce qu'on leur retire leurs armes, il faut leur donner des piques, parce que des piques de six ou sept pieds valent mieux que des fusils qui ne peuvent pas faire feu, parce que la manière dont elles seront armées indiquera suffisamment la manière dont il faut les employer, et parce que les armes à réparer, restant dans les arsenaux, deviendront, par des travaux successifs, des armes en état [1]. »

Le ministre de la guerre avait envoyé en mission sur le Rhin un de ses aides de camp dont

---

[1] Le maréchal Marmont au major général. Mayence, 14 décembre 1813. — Le maréchal avait déjà écrit sur le même sujet à l'Empereur lui-même, le 20 novembre. *Archives de la Guerre.*

le témoignage ne contredisait en aucune façon les plaintes du maréchal. Les fusils étaient hors d'état, les moyens de réparation illusoires : on en convenait ; après tout, « c'étaient toujours des armes et des hommes à présenter à l'ennemi, » des épouvantails ; on n'en demandait pas davantage [1].

[1] Le major Baltazar au ministre de la guerre, Frankenthal, 24 novembre 1813. *Archives de la Guerre.*

XXXIV

INSURRECTION DE LA HOLLANDE. — TÉMOIGNAGE DU MARÉCHAL MACDONALD. — TÉMOIGNAGE DU GÉNÉRAL MOLITOR

De Bâle à Cologne, ces procédés défensifs pouvaient suffire à la rigueur; car, sur toute cette partie de la frontière, la campagne paraissait enfin terminée et l'ennemi seulement en observation. Mais à l'extrême gauche, il n'en allait pas ainsi; la Hollande s'était soulevée; des troupes allemandes, russes, anglaises, venues du Hanovre, soutenaient et excitaient l'insurrection du pays. Le commandant de la dix-septième division militaire à Amsterdam, le général Molitor, avait été obligé de se replier de poste en poste sur le maréchal Macdonald, dont la gauche était à Nimègue. Ainsi menacé sur son flanc, et bientôt sur ses derrières, le maréchal se voyait encore au moment d'être attaqué de front.

Le 2 décembre, une colonne prussienne avait surpris la petite ville de Neuss; il est vrai qu'elle n'y fit pas un long séjour, et que, dès le lendemain, à l'approche des troupes du général Sébastiani, elle se retira avec assez de hâte sur la rive droite du Rhin ; mais cette tentative, dont il ne connaissait pas encore l'issue, avait touché profondément le maréchal Macdonald. « Il est à croire, écrivait-il au général Molitor, que l'ennemi aura tenté d'autres passages sur cette ligne immense... Dans cette malheureuse supposition, rien ne l'arrête ; il peut se porter sur la Meuse, où aucune place n'est approvisionnée et n'a de garnison. O ma patrie ! quels tristes et douloureux présages ! C'est les larmes aux yeux que je vous écris, général. Quel avenir ! si réellement l'ennemi est passé en force !... Le cinquième corps n'avait que quatre à cinq mille hommes.... C'est tout ce que nous avons d'infanterie de Nimègue à Coblentz, sur la ligne du Rhin, et rien derrière[1]. »

Averti, le lendemain, de la retraite de l'ennemi, le maréchal ne laissa pas d'adresser au major général l'expression vive, éloquente, émue, toujours loyale et sincère, de ses angoisses patriotiques. « L'événement qui vient d'avoir lieu prouve l'audace de l'ennemi et combien nous nous gardons mal ; il en est de même partout.

[1] Le maréchal Macdonald au général Molitor... Clève, le 4 décembre 1813. *Archives de la Guerre.*

S'il devient plus entreprenant et qu'il rassemble plus de force, je ne sais où on l'arrêtera ; ce ne seront pas nos faibles moyens sur cette ligne qui sera coupée par parties difficiles à réunir. Une pointe faite du Rhin amène l'ennemi d'un trait sur la Meuse. J'ai beau dire de doubler le courage, et que c'est doubler la force ; c'est prêcher dans le désert.

« Il faut que l'Empereur sache la vérité ; il est digne de l'entendre. Il y a beaucoup de découragement ; tout le monde est fatigué de la guerre, des marches et mouvements continuels. Ceux que l'Empereur a comblés d'avancements et de récompenses sont les premiers qui désirent en jouir tranquillement, n'espérant plus autre chose ; les officiers manquent de tout, souffrent et sont mécontents ; les soldats, peu soignés, découragés par les propos qu'ils entendent, ne tiennent plus et jettent leurs armes. Si l'on dit autrement à l'Empereur, on le flatte et on le trompe. Sa Majesté ne doit pas se faire illusion ; elle n'a que des hommes et point de soldats.

« Les récompenses étant usées, il faut maintenant que ce soit la crainte des châtiments qui remette chacun à son devoir. Jusqu'ici l'Empereur a été bon et indulgent : il faut à présent de la sévérité, sans quoi tous les ressorts de l'armée déjà si usés se briseront tout à fait[1]. »

Un trait achèvera ce tableau ; c'est encore Macdonald qui écrit au général Molitor: « Nous sommes partout pris au dépourvu, et, comme vous, je n'entends parler d'aucun renfort, quoique les journaux soient remplis d'adresses.... Mais à Paris, on est dans une sécurité désespérante... O France ! ma patrie! tout mon sang et sois sauvée[2]!... »

Parmi les lieutenants du maréchal Macdonald, le général Sébastiani, qui commandait le cinquième corps réduit à 2,900 hommes, était le plus confiant. En casernant et en isolant ses soldats qui n'avaient guère, selon lui, d'opinions par eux-mêmes, il était assuré de conserver leur bon esprit. Quant aux officiers, qui avaient un peu clabaudé d'abord, au moment de leur rentrée en France, on ne devait pas tarder à voir se réveiller en eux les sentiments d'honneur. « L'arrivée de prochains renforts leur donnera de la confiance ; le payement de leur solde leur donnera de l'aisance ; voilà tout ce qu'il faut. » Telle était la conclusion du général Sébastiani[3].

---

[1] Le maréchal Macdonald au major général. Clève, 5 décembre 1813. *Archives de la Guerre.*
[2] Le maréchal Macdonald au général Molitor. Clève, 8 décembre 1813. *Archives de la Guerre.*
[3] Le général Sébastiani au major général. Cologne, 22 décembre 1813. *Archives de la Guerre.*

La solde, toujours la solde. « Qu'on nous paye ce qui nous est dû et nous marcherons, » disaient les soldats du général Bigarré, un autre lieutenant de Macdonald, et il ajoutait : « Les officiers sont si malheureux qu'ils se laissent abattre par la misère[1]. » Ce général n'était donc ni aussi satisfait, ni aussi confiant que son collègue. « Les troupes, disait tristement Macdonald, ne sont plus ce qu'elles étaient encore à Hanau[2]. »

Le général Molitor était de tous le plus mécontent et le plus sombre. « J'ai déjà rendu compte plusieurs fois de la vicieuse composition de la troupe qui se trouve placée sous mes ordres, écrivait-il en même temps au maréchal Macdonald et au ministre de la guerre; de graves motifs m'obligent à revenir aujourd'hui sur le même sujet. Cette troupe, si toutefois elle mérite ce nom, se compose :

« 1° D'un bataillon de pupilles. Ces pupilles, qui sont un peu plus que des enfants, ne sont pas, à beaucoup près, assez forts pour faire des marches de guerre et pour résister aux fatigues d'une campagne; ils peuplent les hôpitaux; en restant en arrière dans les marches, ils sont ra-

---

[1] Le général Bigarré au maréchal Macdonald. Winsen, 27 décembre 1813. *Archives de la Guerre.*
[2] Le maréchal Macdonald au major général. Clève, 27 décembre 1813. *Archives de la Guerre.*

massés par la cavalerie ennemie. Le bataillon se fondra inévitablement de la sorte, s'il reste en campagne.

« 2° Le bataillon colonial se compose des plus mauvais sujets des régiments français et hollandais, que l'on a envoyés dans ce bataillon par punition, et qui n'ont pu être ramenés ou corrigés par les moyens de la discipline ordinaire.

« 3° Le bataillon des chasseurs français rentrés est composé de soldats français, hollandais, italiens, qui ont d'abord déserté et pris du service chez l'ennemi, d'où ils ont déserté ensuite pour rentrer en France. Ce sont, en général, des ivrognes incorrigibles, voleurs, assassins, capables de tous les crimes, menaçant de tirer sur leurs officiers, lorsque ceux-ci font mine de vouloir s'opposer à leur brigandage, donnant vigoureusement, à la vérité, un premier coup de collier sur l'ennemi, mais, après le premier succès, disparaissant du champ de bataille, pour se répandre dans les villages, où ils commettent des atrocités, et, afin d'échapper au châtiment qu'ils ont mérité, passant immédiatement à l'ennemi, où nous les voyons le lendemain nous tirer des coups de fusil. Ce bataillon a perdu de cette manière plus de cent hommes, depuis mon départ d'Utrecht.

« Les chefs de ces deux (derniers) bataillons

sont des hommes sans fermeté ni capacité. Il leur manque beaucoup d'officiers ; le petit nombre de ceux qui s'y trouvent sont généralement le rebut des armées, aussi ivrognes que leurs soldats, dont ils sont méprisés. La composition de ces mêmes bataillons les avait fait reléguer, pour les contenir, au Texel et au Helder. Je me suis vu réduit à les appeler près de moi, à Amsterdam, lorsqu'au milieu de l'insurrection, la défection se manifesta parmi les troupes étrangères et hollandaises.

« Il a fallu certes un grand dévouement, et la confiance de recevoir bientôt ces renforts tant promis, pour me déterminer à tenir la campagne avec de pareils hommes, pour m'être maintenu pendant quatorze jours à Utrecht, et y avoir tenu en échec Amsterdam, les insurgés et les corps russes et prussiens dont j'étais entouré. Mais, une fois en marche et en rase campagne, la fermeté et les soins inimaginables que le général Gency et moi avons exercés envers ces hommes n'ont pu empêcher le retour de leurs criminels penchants. Les horreurs qu'ils ont commises, d'abord à la reprise de Wœrden, et en dernier lieu dans l'île de Bommel, me font un devoir de proposer, comme mesure urgente et indispensable, de les faire entrer dans une place destinée à faire une vigoureuse défense. Tous anciens soldats et aguerris, ils pourront rendre de très bons services dans l'enceinte d'une forteresse assiégée, mais il n'est plus possible de tenir la campagne avec eux, sans ternir l'honneur du drapeau français.

« Je propose la même mesure, et pour des causes bien différentes que j'ai indiquées, à l'égard des pupilles.

« La désertion et les pertes devant l'ennemi ont réduit le total de ces trois bataillons à environ mille hommes [1]. »

Quelques jours après ce rapport, le ministre de la guerre recevait, de son aide de camp en mission, un témoignage tout conforme, avec un épisode nouveau, le pillage de Grave : « Les troupes du général Molitor laisseront dans le pays de longs souvenirs de leur indiscipline et de leurs excès. Le général n'a aucun moyen de répression. Les officiers sont, à ce qu'il paraît, pires que les soldats. La ville de Grave, dont les habitants méritaient un meilleur traitement, a été pillée par ces bandits. Il est malheureux que les pupilles soient à pareille école : ils ne s'en ressentent déjà que trop [2]. »

---

[1] Le général Molitor au maréchal Macdonald et au ministre de la guerre. Grave, 16 décembre 1813. *Archives de la Guerre.*

[2] Le major Baltazar au ministre de la guerre. Nimègue, 20 décembre 1813. *Archives de la Guerre.*

XXXV

CE QUE C'ÉTAIT QUE L'ARMÉE DE HOLLANDE
TÉMOIGNAGE DU GÉNÉRAL DECAEN

L'Empereur, dans les derniers jours de novembre, avait institué un commandement en chef de l'armée de Hollande, dont l'action devait s'étendre sur les départements des Bouches-de-l'Escaut, de la Meuse et du Rhin. Un général, jeune encore, mais dont la réputation était déjà vieille, car il avait été l'un des divisionnaires de Moreau à la bataille de Hohenlinden, et depuis, gouverneur général des possessions françaises dans la mer des Indes, il avait, dix années durant, tenu d'une main ferme, en face des Anglais, le drapeau de la mère-patrie, le général Decaen fut nommé général en chef de l'armée de Hollande [1].

Arrivé à Anvers, le 5 décembre, il n'y trouva rien qui ressemblât à une armée, ni même aux

---

[1] Les instructions du général Decaen étaient datées du 30 novembre.

éléments d'une armée. Tout ce qu'il y avait pour tenir la campagne se réduisait à trois ou quatre mille gardes nationaux venus des départements du Nord et du Pas-de-Calais, sans habits, sans souliers, sans équipements, sans armes. Le général commandant la 24⁵ division militaire, à qui on s'était adressé, avait répondu « qu'il n'existait plus un fusil disponible à Anvers ni dans toute la division [1] ». En cherchant bien, on avait fini par ramasser un certain nombre de ces armes de rebut dont se plaignait si justement le maréchal Marmont. Le général Decaen avait dû compter au moins sur une division de Jeune Garde dont le concours lui avait été expressément promis : un nouvel ordre du ministre défendit à cette réserve de quitter Bruxelles [2].

« Sans un seul homme de cavalerie, et avec une poignée d'hommes sans la moindre instruction, mal armés, mal vêtus, sans canonniers et sans chevaux pour l'artillerie, on ne peut pas s'attendre qu'on puisse faire quelque chose de bon. Ce sont de fâcheuses vérités, monseigneur, mais je ne puis pas taire ce que je crois de mon devoir de faire connaître [3]. » Ainsi écrivait au

---

[1] Le général commandant la 24⁵ division militaire au ministre de la guerre. Bruxelles, 5 décembre 1813. *Archives de la Guerre*.

[2] Le général Decaen au ministre de la guerre. Anvers, 6, 8 et 9 décembre 1813. *Archives de la Guerre*.

[3] Le général Decaen au ministre de la guerre. Anvers, 11 décembre 1813. *Archives de la Guerre*.

ministre de la guerre le général en chef de l'armée de Hollande. Les instructions qu'il avait reçues, huit jours auparavant, à Paris, étaient aussi dépassées par les faits, aussi différentes du réel et du possible que si elles avaient eu dix ans de date. Préoccupé avant tout de sauver Anvers, dont la garnison n'était que médiocre, le général Decaen s'était résolu, non sans peine, à sacrifier les petits postes en avant, et même des places comme Willemstadt et Breda qu'il n'eût sans doute pas songé à évacuer, si le nombre de leurs défenseurs avait répondu à l'importance de leurs ouvrages, et il avait retiré toutes ces petites garnisons sur Anvers qui était, à son sens, la vraie clef de l'Empire de ce côté-là. Sa conduite cependant déplut tellement à Paris qu'il fut rappelé soudain et traduit même devant un conseil d'enquête.

Le 15 décembre 1813, ne connaissant pas sa disgrâce encore, il eut le courage d'adresser au ministre de la guerre une lettre qui va servir d'épilogue à cette étude :

« Après avoir de nouveau envisagé, avec calme et réflexion, l'abîme de maux dont notre belle France est menacée en ce moment, et considérant quels peuvent être les moyens dont on peut faire usage pour prévenir tant de calamités, j'ose élever la voix, monseigneur, mais ce n'est pas celle d'un courage énervé. Mon cœur, toujours animé du zèle et du dévouement avec lesquels j'ai servi constamment l'Empereur, est excité par ces sentiments à prier Votre Excellence de faire entendre et de persuader à Sa Majesté, dont vous êtes le ministre, qu'il n'y a de véritable espoir pour le salut de ses peuples que dans des négociations pour la paix, et surtout si ces négociations peuvent bientôt s'ouvrir, et les hostilités cesser.

« Si l'Empereur pouvait réunir toute la France autour de lui, Sa Majesté entendrait crier de toutes parts : « Sire, donnez-nous la paix ! Par
« ce grand œuvre empêchez nos ennemis de
« profiter du fatal moment où l'on aperçoit toute
« l'impossibilité que les armées de Votre Majesté
« puissent avoir, avant un certain laps de temps,
« l'attitude guerrière et imposante qu'il faudrait
« pouvoir prendre tout à coup, pour s'opposer
« aux desseins de presque tous les peuples de
« l'Europe armés contre nous. »

ANNEXES

I

LEVÉES ET APPELS

DU 1er SEPTEMBRE 1812 AU 20 NOVEMBRE 1813

1812

1er septembre.

Sénatus-consulte autorisant la levée de 120,000 hommes de la conscription de 1813.

22 septembre.

Décret impérial appelant à l'activité les 120,000 hommes de la conscription de 1813, et en assignant 17,000 autres au complément des cohortes.

1813

11 janvier.

Sénatus-consulte autorisant la levée de 350,000 hommes, savoir :
1º 100,000 hommes formant les cent cohortes du premier ban de la garde nationale ;
2º 100,000 hommes des conscriptions de 1809, 1810, 1811 et 1812, pris parmi ceux qui n'auront pas été appelés à faire partie de l'armée active ;
3º 150,000 hommes de la conscription de 1814.

11 *février.*

Décret impérial appelant à l'activité, dans les cantons maritimes de l'Empire, 10,000 (nouveaux) conscrits de la classe de 1814 pour le service de la marine.

3 *avril.*

Sénatus-consulte portant que 180,000 hommes sont mis à la disposition du ministre de la guerre pour augmenter les armées actives, et qu'il sera pourvu à la défense des frontières de l'Ouest et du Midi par les gardes nationales sédentaires.

La levée de 180,000 hommes comprend :
1° 10,000 hommes de gardes d'honneur à cheval;
2° 80,000 hommes qui seront appelés sur le premier ban de la garde nationale, des années 1807, 1808, 1809, 1810, 1811 et 1812.
3° 90.000 hommes de la conscription de 1814, qui étaient destinés à la défense des frontières de l'Ouest et du Midi, et spécialement des chantiers d'Anvers, de Cherbourg, de Brest, de Lorient, de Rochefort et de Toulon.

24 *août.*

Sénatus-consulte mettant 30,000 hommes à la disposition du ministre de la guerre.

Ces 30,000 hommes à prendre sur les classes de 1814, 1813, 1812 et antérieures, dans vingt-quatre départements du midi et du centre de la France, sont destinés à recruter spécialement l'armée d'Espagne.

9 *octobre.*

Sénatus-consulte autorisant la levée de 280,000 hommes, savoir :
1° 120,000 conscrits des classes de 1808, 1809, 1810, 1811, 1812, 1813 et 1814.
2° 160,000 hommes de la conscription de 1815.

15 *novembre*.

Sénatus-consulte autorisant la levée de 300,000 conscrits pris dans les classes des années XI, XII, XIII, XIV, 1806, 1807 et années suivantes, jusques et compris 1814.

Sur ces 300,000 hommes, 150,000 seront levés sans délai pour être mis sur-le-champ en activité.

Les autres 150,000 hommes seront laissés en réserve pour être levés dans le cas seulement où la frontière de l'Est serait envahie.

20 *novembre*.

Décret impérial portant à 160,000 hommes la levée de 120,000 conscrits des classes de 1808 à 1814, autorisée par le sénatus-consulte du 9 octobre.

N. B. Cette augmentation de 40,000 hommes, ordonnée par décret, est portée à 45,000 dans les états de répartition imprimés avec ce titre : *Levée de cent soixante-cinq mille hommes*, ordonnés par les décrets des 13 octobre et 20 novembre 1813.

Total des appels faits et des levées décrétées en quinze mois : 1,327,000 hommes.

II

TABLEAU DES COHORTES

I

COHORTES PAR DÉPARTEMENT

1re cohorte....................	Seine.
2e —	{ Rome. { Trasimène.
3e —	Zuyderzée.
4e —	{ Rhône. { Loire.
5e —	Gironde.
6e —	Bouches-du-Rhône.
7e —	{ Bouches-de-l'Elbe. { Bouches-du-Weser. { Ems-Supérieur.
8e —	Aisne
9e —	{ Eure-et-Loir. { Loiret.
10e —	Oise.
11e —	Seine-et-Marne.
12e —	Seine-et-Oise.
13e —	{ Ardennes. { Marne.
14e —	{ Marne. { Meuse.

COHORTES PAR DÉPARTEMENT

15ᵉ cohorte .... { Forêts.
                                            Moselle.
16ᵉ — .... Meurthe.
17ᵉ — .... Vosges.
18ᵉ — .... Bas-Rhin.
19ᵉ — .... Haut-Rhin.
20ᵉ — .... { Ain.
                                            Doubs.
21ᵉ — .... Jura.
22ᵉ — .... Haute-Saône.
23ᵉ — .... Isère.
24ᵉ — .... { Hautes-Alpes.
                                            Drôme.
25ᵉ — .... { Léman.
                                            Mont-Blanc.
26ᵉ — .... { Basses-Alpes.
                                            Alpes-Maritimes.
                                            Vaucluse.
27ᵉ — .... Var.
28ᵉ — .... Hérault.
29ᵉ — .... Aveyron.
30ᵉ — .... { Ardèche.
                                            Lozère.
31ᵉ — .... { Gard.
                                            Tarn.
32ᵉ — .... Haute-Garonne.
33ᵉ — .... { Ariège.
                                            Hautes-Pyrénées.
34ᵉ — .... { Gers.
                                            Tarn-et-Garonne.
35ᵉ — .... { Aude.
                                            Pyrénées-Orientales
36ᵉ — .... { Landes.
                                            Basses-Pyrénées.
37ᵉ — .... { Charente-Inférieure
                                            Vendée.

38ᵉ cohorte	Loire-Inférieure.
39ᵉ —	{ Deux-Sèvres. / Vienne.
40ᵉ —	Finistère.
41ᵉ —	Côtes-du-Nord.
42ᵉ —	Ille-et-Vilaine.
43ᵉ —	Morbihan.
44ᵉ —	Calvados.
45ᵉ —	Manche.
46ᵉ —	Orne.
47ᵉ —	Seine-Inférieure.
48ᵉ —	Eure.
49ᵉ —	Somme.
50ᵉ —	Nord.
51ᵉ —	Nord.
52ᵉ —	Lys.
53ᵉ —	Pas-de-Calais.
54ᵉ —	Pas-de-Calais.
55ᵉ —	Côte-d'Or.
56ᵉ —	{ Aube. / Haute-Marne.
57ᵉ —	Saône-et-Loire.
58ᵉ —	Yonne.
59ᵉ —	{ Cantal. / Haute-Loire.
60ᵉ —	Puy-de-Dôme.
61ᵉ —	{ Charente. / Dordogne.
62ᵉ —	{ Corrèze. / Dordogne.
63ᵉ —	{ Lot-et-Garonne. / Lot.
64ᵉ —	{ Cher. / Nièvre.
65ᵉ —	{ Allier. / Creuse.

COHORTES PAR DÉPARTEMENT

66ᵉ cohorte	{	Indre. Haute-Vienne.
67ᵉ —	{	Indre-et-Loire. Loire-et-Cher.
68ᵉ —		Maine-et-Loire.
69ᵉ —		Mayenne.
70ᵉ —		Sarthe.
71ᵉ —	{	Dyle. Bouches-de-l'Escaut.
72ᵉ —		Escaut.
73ᵉ —	{	Escaut. Jemmapes.
74ᵉ —		Jemmapes.
75ᵉ —		Deux-Nèthes.
76ᵉ —	{	Meuse-Inférieure. Lippe. Bouches-du-Rhin.
77ᵉ —		Roër.
78ᵉ —	{	Ourte. Sambre-et-Meuse.
79ᵉ —		Mont-Tonnerre.
80ᵉ —		Rhin-et-Moselle.
81ᵉ —		Sarre.
82ᵉ —	{	Doire. Pô. Sesia.
83ᵉ —	{	Marengo. Stura.
84ᵉ —	{	Apennins. Taro.
85ᵉ —	{	Gênes. Montenotte.
86ᵉ —	{	Arno. Ombrone. Méditerranée.

87ᵉ cohorte .... { Ems-Oriental.
Ems-Occidental.
Bouches-de-l'Issel.
Frise.

88ᵉ — .... { Bouches-de-la-Meuse
Issel-Supérieur.

N. B. Des cent trente départements qui formaient alors l'Empire français, cent vingt-huit ont fourni leurs contingents aux cohortes; les deux seuls qui ne figurent pas sur la liste précédente sont la Corse et le Simplon.

II

RÉGIMENTS DE COHORTES.

135ᵉ régiment de ligne............	{ 1ʳᵉ 8ᵉ 9ᵉ 11ᵉ	cohorte. — — —
136ᵉ — —	{ 12ᵉ 13ᵉ 14ᵉ 67ᵉ	— — — —
137ᵉ — —	{ 2ᵉ 84ᵉ 85ᵉ 86ᵉ	— — — —
138ᵉ — —	{ 44ᵉ 45ᵉ 46ᵉ 64ᵉ	— — — —
139ᵉ — —	{ 16ᵉ 17ᵉ 65ᵉ 66ᵉ	— — — —
140ᵉ — —	{ 40ᵉ 41ᵉ 42ᵉ 43ᵉ	— — — —
141ᵉ — —	{ 37ᵉ 38ᵉ 39ᵉ 61ᵉ	— — — —

142e régiment de ligne .... { 5e cohorte.
36e —
62e —
63e —

143e — — .... { 28e —
29e —
30e —
31e —

144e — — .... { 32e —
33e —
34e —
35e —

145e — — .... { 6e —
23e —
24e —
25e —

146e — — .... { 3e —
76e —
77e —
88e —

147e — — .... { 15e —
71e —
78e —
87e —

148e — — .... { 72e —
73e —
74e —
75e —

149e — — .... { 47e —
48e —
49e —
79e —

150e — — .... { 68e —
69e —
80e —
81e —

RÉGIMENTS DE COHORTES

151ᵉ régiment de ligne	$\begin{cases} 7^e \\ 50^e \\ 51^e \\ 52^e \end{cases}$	cohorte. — — —
152ᵉ — —	$\begin{cases} 18^e \\ 19^e \\ 53^e \\ 54^e \end{cases}$	— — — —
153ᵉ — —	$\begin{cases} 55^e \\ 56^e \\ 57^e \\ 58^e \end{cases}$	— — — —
154ᵉ — —	$\begin{cases} 4^e \\ 20^e \\ 21^e \\ 22^e \end{cases}$	— — — —
155ᵉ — —	$\begin{cases} 10^e \\ 59^e \\ 60^e \\ 70^e \end{cases}$	— — — —
156ᵉ — —	$\begin{cases} 26^e \\ 27^e \\ 82^e \\ 83^e \end{cases}$	— — — —

III

COMPOSITION DE LA GRANDE ARMÉE

AU 15 AOUT 1813

L'Empereur, commandant en personne.
Quartier impérial à Dresde.

AIDES DE CAMP DE L'EMPEREUR

Comte Caffarelli, général de division (à Paris).
Comte Lemarois, général de division (à Magdebourg).
Comte Rapp, général de division (à Danzig).
Lebrun, duc de Plaisance, général de division.
Comte de Lobau, général de division.
Comte Durosnel, général de division.
Comte Hogendorp, général de division (à Hambourg).
Bernard, colonel du génie.
Baron Gueheneuc, général de brigade.
Baron Corbineau, général de division.
Baron Flahault, général de brigade.
Baron Dejean, général de division.
Baron Drouot, général de division.

ÉTAT-MAJOR GÉNÉRAL

MAJOR GÉNÉRAL, expédiant les ordres de l'Empereur.
Alexandre Berthier, prince de Neuchâtel et de Wagram.
Chef d'état-major du major général. — Général de division comte Monthion.

ÉTAT-MAJOR GÉNÉRAL

Commandant supérieur du grand quartier général. — Général de brigade de Lagrange.
Adjoint à l'état-major général. — Général de brigade Durieu.
Commandant de la gendarmerie, grand-prévôt. — Général de brigade Radet.
Chef des ingénieurs géographes. — Colonel Bonne.

OFFICIERS GÉNÉRAUX DISPONIBLES A LA SUITE DE L'ÉTAT-MAJOR GÉNÉRAL

Généraux de division .... { Lefol, Cassagne, Decouz, Gomès-Freyre.

Généraux de brigade .... { Estève, Thomas, Dellard, Latour.

ÉTAT-MAJOR GÉNÉRAL DE L'ARTILLERIE

Commandant en chef l'artillerie. — Général de division Sorbier.
Chef d'état-major. — Général de division Ruty.
Directeur général des parcs. — Général de brigade Neigre.
Commandant l'équipage de pont. — Général de brigade Bouchu.

ÉTAT-MAJOR GÉNÉRAL DU GÉNIE

Commandant en chef le génie. — Général Rogniat.
Chef d'état-major. — Colonel Montfort.
Directeur général des parcs. — Chef de bataillon Finot.

ÉTAT-MAJOR GÉNÉRAL DES ÉQUIPAGES MILITAIRES

Inspecteur général des équipages militaires. — Général de brigade Picard.

ADMINISTRATION GÉNÉRALE DE L'ARMÉE

Directeur de l'administration de l'armée. — Le comte Daru.
Intendant général. — Le comte Dumas.

Ordonnateurs en chef..............
- Joinville.
- Marchand.
- Martellière.

Inspecteur en chef aux revues. — Lambert.
Inspecteur en chef des dépôts et hôpitaux. — Général de division Sahuc.

SERVICE DE SANTÉ

Inspecteur général et médecin en chef. — Desgenettes.
Inspecteur général et chirurgien en chef. — Larrey.
Inspecteur général et pharmacien en chef. — Laubert.

PREMIER CORPS D'ARMÉE

Quartier général à Bautzen.

ÉTAT-MAJOR

Commandant en chef. — Général de division comte Vandamme.
Chef d'état-major. — Général de brigade Revest.
Commandant l'artillerie. — Général de brigade Baltus.
Commandant le génie. — Chef de bataillon Moras.

PREMIÈRE DIVISION
Général de division Philippon.

Première brigade
Général Pouchelon.

7ᵉ léger. Colonel Autran..............	4 bataillons.
12ᵉ de ligne. Colonel Baudinot............	4 —

Deuxième brigade
Général Fezensac.

17ᵉ de ligne. Major Desodoards............ 4 bataillons.
36ᵉ   —   Major Sicard................ 2   —
Deux batteries à pied.
Détachement du train d'artillerie.

DEUXIÈME DIVISION
Général de division Dumonceau.

Première brigade
Général Duncsme.

13ᵉ léger. Colonel Quandalle............. 4 bataillons.
25ᵉ de ligne. Colonel Chantreau........... 4   —

Deuxième brigade
Général Doucet.

57ᵉ de ligne. Colonel Duchesne............ 4 bataillons.
51ᵉ   —   Major Charton............... 2   —
Deux batteries à pied.
Détachement du train d'artillerie.

VINGT-TROISIÈME DIVISION
Général de division Teste.

Première brigade
Général O'Meara.

21ᵉ de ligne. Major Ricard................ 4 bataillons.
33ᵉ   —   Colonel Maire................ 4   —

Deuxième brigade
Général Quiot.

85ᵉ de ligne. Colonel Goget.............. 4 bataillons.
55ᵉ   —   2   —
Deux batteries à pied.
Détachement du train d'artillerie.

DIVISION POLONAISE ATTACHÉE AU PREMIER CORPS
Général de division Dombrowski.

Infanterie
Général de brigade Zolowski.

2e d'infanterie polonaise. Col. Szymanolski. 2 bataillons.
55e   —   —   Col. Grotowski.. 2   —

Cavalerie
Général Krustowecki

2e de cavalerie polonaise. Major Kossecki.. 4 escadrons.
4e   —   —   Colonel Kostancki. 4   —

Une batterie à cheval polonaise.
Train d'artillerie polonais.

Brigade de cavalerie légère
Général Gobrecht.

9e de chevau-légers français............... 2 escadrons.
Chasseurs d'Anhalt........................ 2   —

Réserves et parcs du premier corps

Deux batteries à pied.
Deux batteries à cheval.
Deux compagnies de sapeurs.
Détachements du train d'artillerie et des équipages.

DEUXIÈME CORPS D'ARMÉE

Quartier général à Zittau.

ÉTAT-MAJOR

Commandant en chef. — Maréchal Victor, duc de Bellune.
Chef d'état-major. — ....
Commandant l'artillerie. — Général de brigade Montgenet.
Commandant le génie. — Major Bron.

QUATRIÈME DIVISION
Général de division Dubreton.

Première brigade
Général Ferrière.

24ᵉ léger. Colonel Plazanet...............	4 bataillons.
19ᵉ de ligne. Colonel Trupel...............	4 —

Deuxième brigade
Général Brun.

37ᵉ de ligne. Colonel Fortier.............	4 bataillons.
56ᵉ — Colonel Deshayes............	4 —

Deux batteries à pied.
Détachement du train d'artillerie.

CINQUIÈME DIVISION
Général de division Dufour.

Première brigade
Général d'Etsko.

26ᵉ léger. Colonel Crepy................	4 bataillons.
93ᵉ de ligne. Colonel Marchal............	3 —

Deuxième brigade
Général prince de Reuss.

46ᵉ de ligne. Colonel Brue...............	3 bataillons.
72ᵉ — Colonel Barthélemy...........	4 —

Deux batteries à pied.
Détachement du train d'artillerie.

SIXIÈME DIVISION
Général de division Vial.

Première brigade
Général Valory.

11ᵉ léger. Colonel Poinsot...............	3 bataillons.
2ᵉ de ligne. Major Moreau................	3 —

Deuxième brigade
Général Bronikowski.

4ᵉ de ligne. Colonel Materre............ 3 bataillons.
18ᵉ — Colonel Sansey............. 4 —

Deux batteries à pied.
Détachement du train d'artillerie.

Brigade de cavalerie légère
(ALLEMANDS)
Colonel commandant de Hammerstein.

1ᵉʳ huss. westphaliens. Col. de Hammerstein. 3 escadrons
2ᵉ — — Major Peutz........ 3 —

Réserves et parcs du deuxième corps

Deux batteries à pied.
Deux batteries à cheval.
Trois compagnies de sapeurs.
Détachements du train d'artillerie et des équipages.

TROISIÈME CORPS D'ARMÉE
Quartier général à Bunzlau.

ÉTAT-MAJOR

Commandant en chef. — Maréchal Ney, prince de la Moskowa.
Chef d'état-major. — Général de brigade Jomini [1].
Commandant l'artillerie. — Général de division Charbonnel.
Commandant le génie. — Colonel Valazé.

HUITIÈME DIVISION
Général de division Souham.

Première brigade
Général Brayer.

6ᵉ régiment provisoire (6ᵉ léger........ 1 bataillon.
Major de Lanoy. (25ᵉ — .... 1 —

---

[1] L'état de situation du troisième corps a été dressé antérieure-

10ᵉ régiment provisoire { 16ᵉ léger......... 1 bataillon.
Colonel Maigrot. { 28ᵉ — .... 1 —
14ᵉ régiment provisoire { 34ᵉ de ligne....... 1 —
Colonel Dolion. { 40ᵉ — .... 1 —
19ᵉ régiment provisoire { 32ᵉ de ligne....... 1 —
Colonel Bony. { 58ᵉ — .... 1 —

Deuxième brigade
Général Charrière.

21ᵉ régiment provisoire { 59ᵉ de ligne....... 1 bataillon.
Colonel Laurain. { 69ᵉ — .... 1 —
24ᵉ régiment provisoire { 88ᵉ de ligne....... 1 —
Colonel Forgeot. { 103ᵉ — .... 1 —
24ᵉ de ligne. Colonel Vezan................. 3 bataillons.
Deux batteries à pied.
Détachement du train d'artillerie.

NEUVIÈME DIVISION.
Général de division Delmas.

Première brigade
Général Anthing.

2ᵉ régiment provisoire { 2ᵉ léger......... 1 bataillon.
Major Laporte. { 4ᵉ — .... 1 —
29ᵉ léger, Major Peteil.................. 2 bataillons.
136ᵉ de ligne. Colonel Daubrené.......... 3 —

Deuxième brigade
Général Vergez.

138ᵉ de ligne, Colonel Maran.............. 3 bataillons.
145ᵉ — Colonel Nicolas............ 3 —
Deux batteries à pied.
Détachement du train d'artillerie.

ment au 15 août; c'est pourquoi on y trouve encore le nom du général Jomini qui avait passé à l'ennemi dans la journée du 14.

DIXIÈME DIVISION
Général de division Albert.

Première brigade
Général Vandedem.

4ᵉ régiment provisoire (5ᵉ léger........	1 bataillon.
Major Bénard. (12ᵉ —	1 —
139ᵉ de ligne, Colonel Bertrand	3 bataillons.

Deuxième brigade
Général Suden.

140ᵉ de ligne, Colonel Gavinet............ 3 bataillons.
141ᵉ — Colonel Pignet............. 3 —

Deux batteries à pied.
Détachement du train d'artillerie.

ONZIÈME DIVISION
Général de division Ricard.

Première brigade
Général Tarayre.

9ᵉ léger, Major Mourèze................ 2 bataillons.
17ᵉ régiment provisoire (43ᵉ de ligne.... 1 bataillon.
Colonel Klippffel. (75ᵉ — .... 1 —
50ᵉ de ligne, Major Chagné............... 2 bataillons.
65ᵉ — Commandant Délise......... 1 bataillon.

Deuxième brigade
Général Dumoulin.

142ᵉ de ligne, Colonel Fournier............ 3 bataillons.
144ᵉ — Colonel Boudin.............. 3 —

Deux batteries à pied.
Détachement du train d'artillerie.

QUATRIÈME CORPS D'ARMÉE

TRENTE-NEUVIÈME DIVISION
(ALLEMANDS)
Général de division Marchand.

Première brigade
Général Stockhorn.

1ᵉʳ d'infanterie badoise. Colonel Brandt...	2	bataillons.
3ᵉ — — Colonel Brückner.	2	—

Deuxième brigade
Prince Émile de Hesse.

Fusiliers de la garde hess. Col. Shœnberg.	2	bataillons.
2ᵉ d'infanterie hessoise. Colonel de Gall...	2	—
Gardes hessoises. Major Steileng.......	2	—

Une batterie d'artillerie badoise.
Une batterie d'artillerie hessoise.

Brigade de cavalerie
(MIXTE)
Général Beurmann.

10ᵉ hussards (français). Colonel Monnier..	6	escadrons.
Dragons badois. Commandant Hitpert..	5	—

Réserves et parcs du troisième corps

Quatre batteries à pied.
Deux batteries à cheval.
Quatre compagnies de sapeurs espagnols.
Détachements du train d'artillerie et des équipages.

QUATRIÈME CORPS D'ARMÉE
Quartier général à Sprottau
ÉTAT-MAJOR

Commandant en chef. — Général de division comte Bertrand.

Chef d'état-major. — Général de brigade Delort.
Commandant l'artillerie. — Général de division Taviel.
Commandant le génie. — Colonel Isoard.

DOUZIÈME DIVISION.
Général de division Morand.

Première brigade
Général de Belair.

8ᵉ léger. Colonel Gnayard............... 2 bataillons.

Deuxième brigade
Général Toussaint.

13ᵉ de ligne. Colonel Lucas............... 5 bataillons.

Troisième brigade
Général Hulot.

2ᵉ de ligne. Colonel Latour............... 4 bataillons.
Deux batteries à pied.
Détachement du train d'artillerie.

QUINZIÈME DIVISION
(ITALIENS)
Général de division Fontanelli.

Première brigade
Général Martel.

1ᵉʳ de ligne italien. Major Ferriroli....... 2 bataillons.
4ᵉ   —   —   Colonel Ceccopieri.... 2   —

Deuxième brigade
Général Saint-Andréa.

1ᵉʳ léger italien. Colonel Moretti.......... 3 bataillons.
6ᵉ de ligne italien. Major Ferri.......... 2   —

Troisième brigade
Général Moroni.

Bataillon de Milan. Commandant Varesi.   1 bataillon.
7º de ligne italien. Colonel Rossi............ 3 bataillons.
Deux batteries à pied d'artillerie italienne.
Détachement du train d'artillerie italien.

TRENTE-HUITIÈME DIVISION
(ALLEMANDS).

Général de division de Franquemont.

Général de division de Kock, commandant en second.

Première brigade
Général de Stockmayer.

9º léger wurtemberg. Col. Landenberg.... 1 bataillon.
10º   —   —   Comm. de Begnignol. 1 —
7e de ligne wurtemberg. Major de Begnignol. 2 bataillons.

Deuxième brigade
Général de Spitzenberg.

1er de ligne wurtembergeois. Col. Biberstein.. 2 bataillons.
2º   —   —   Colonel Baur.. 2 —
Une batterie d'artillerie de ligne wurtembergeoise.

Brigade de cavalerie légère

Commandant. — Général Briche.
Commandant en second. — Général de Jett.
1er de chev.-légers wurt. Col. de Bismark. 4 escadrons.
3º   —   —   Col. de Gaisberg. 4 —
Une batterie d'artillerie légère wurtembergeoise.

Réserves et parcs du quatrième corps

Trois batteries à pied.
Une batterie à cheval.
Deux compagnies de sapeurs français.

Une compagnie de sapeurs italiens.
Détachement d'ouvriers de la marine italienne.
Détachements du train d'artillerie, du train du génie et des équipages.

CINQUIÈME CORPS D'ARMÉE

Quartier général à Lœwenberg.

ÉTAT-MAJOR

Commandant en chef. — Général de division comte Lauriston.
Chef d'état-major. — Général de brigade Baillod.
Commandant l'artillerie. — Général de brigade Camas.
Commandant le génie. — Colonel Lamarre.

SEIZIÈME DIVISION
Général de division Maison.

Première brigade
Général Penne.

151ᵉ de ligne. Colonel Lebron............	3 bataillons.
152ᵉ — Colonel Reynaud............	3 —

Deuxième brigade
Général..........

153ᵉ de ligne. Colonel Mathieu............	3 bataillons.
153ᵉ — Colonel Ozilliau............	3 —

Deux batteries à pied.
Une batterie à cheval.
Détachement du train d'artillerie.

CINQUIÈME CORPS D'ARMÉ

DIX-SEPTIÈME DIVISION
Général de division Puthod.

Première brigade
Général Vachot.

134ᵉ de ligne. Colonel Braillat............ 2 bataillons.
146ᵉ   —   Colonel Falcon............ 3   —
3ᵉ régiment étranger. Colonel Lawless.... 2   —

Deuxième brigade
Général Boisserolles.

147ᵉ de ligne. Colonel Sibuet............ 3 bataillons.
148ᵉ   —   Colonel Obert............ 3   —

Deux batteries à pied.
Détachement du train d'artillerie.

DIX-NEUVIÈME DIVISION
Général de division Rochambeau.

Première brigade
Général Harlet.

135ᵉ de ligne. Colonel Porson............ 3 bataillons.
149ᵉ   —   Colonel Mandeville........ 3   —

Deuxième brigade
Général Lafitte.

150ᵉ de ligne. Colonel Azémar............ 3 bataillons.
155ᵉ   —   Colonel Sennegon......... 3   —

Deux batteries à pied.
Détachement du train d'artillerie.

Réserves et parcs du cinquième corps.

Trois batteries à pied.
Une batterie à cheval.
Trois compagnies de sapeurs.
Détachements du train d'artillerie et des équipages.

SIXIÈME CORPS D'ARMÉE
Quartier général à Bunzlau
ÉTAT-MAJOR

Commandant en chef. — Maréchal Marmont, duc de Raguse.
Chef d'état-major. — Général de brigade Richemont.
Commandant l'artillerie. — Général de division Foucher.
Commandant le génie. — Major Constantin.

VINGTIÈME DIVISION
Général de division Compans.

Première brigade
Général Pelleport.

32e léger. Major Gheneser...............	2	bataillons.
1er de marine. Colonel Maréchal.........	5	—

Deuxième brigade
Général Joubert.

20e régiment provisoire { 66e de ligne....	1	bataillon.
Major Druot. { 122e — ..	1	—
25e régiment provisoire { 47e de ligne.....	1	bataillon.
Colonel Bochaton. { 80e — ..	1	—
3e de marine. Colonel Bormann..........	3	bataillons.

Deux batteries à pied.
Détachement du train d'artillerie.

VINGT ET UNIÈME DIVISION
Général de division Lagrange

Première brigade
Général Jamin.

37e léger. Colonel Jacquet................	4	bataillons.
Régiment Joseph-Napoléon (espagnol). Commandant Dimpre.................	1	—
4e de marine. Colonel Rouvroy...........	3	—

SIXIÈME CORPS D'ARMÉE

Deuxième brigade
Général Buquet.

2ᵉ de marine. Colonel Deschamps........ 6 bataillons.
Deux batteries à pied.
Détachement du train d'artillerie.

VINGT-DEUXIÈME DIVISION
Général de division Friederichs.

Première brigade
Général Coëhorn.

11ᵉ régiment provisoire ⎧ 1ᵉʳ de ligne...... 1 bataillon.
Colonel Gougeon. ⎩ 62ᵉ — .... 1 —
13ᵉ régiment provisoire ⎧ 14ᵉ de ligne...... 1 bataillon.
Colonel Cogne. ⎩ 16ᵉ — .... 1 —
23ᵉ léger. Major Jeannin...................... 2 bataillons.
15ᵉ de ligne. Colonel Rougé............... 2 —

Deuxième brigade
Général Bachelet.

16ᵉ régiment provisoire ⎧ 26ᵉ de ligne...... 1 bataillon.
Colonel Verbois. ⎩ 82ᵉ — ... 1 —
121ᵉ de ligne. Major Prost................. 2 bataillons.
70ᵉ — Colonel Maury............. 2 —
Deux batteries à pied.
Détachement du train d'artillerie.

Brigade de cavalerie légère.
(ALLEMANDS)
Général Normann.

2ᵉ chev.-légers wurtemb. Col. de Wallerstein. 4 escadrons.
4ᵉ chasseurs wurtembergeois. Col de Mylius. 4 —
Une batterie d'artillerie légère wurtembergeoise.

Réserves et parcs du sixième corps.

Trois batteries à pied.
Deux batteries à cheval.
Quatre compagnies de sapeurs.
Détachements du train d'artillerie et des équipages.

SEPTIÈME CORPS D'ARMÉE

Quartier général à Hoyerswerda.

ÉTAT-MAJOR

Commandant en chef. — Général de division comte Reynier.
Chef d'état-major. — Général de brigade Gressot.
Commandant l'artillerie. — Colonel Verpeau.
Commandant le génie. — .....

VINGT-QUATRIÈME DIVISION
(SAXONS)

Général de division de Lecoq.

Première brigade
Colonel commandant de Brause.

Grenad. de la garde saxonne. Comm. Tecski	1 bataillon.
1er régiment d'infanterie légère saxonne.	2 bataillons.
Rég. de Maximilien. Comm. de Kœnneritz.	1 bataillon.
Régiment de Rechten. Comm. de Hausen.	1 —

Chasseurs saxons (une compagnie).

Deuxième brigade
Général de Mellentin.

Grenadiers saxons réunis. Comm. Spiegel....	1 bataillon.
Régiment de Frédéric..........................	2 bataillons.
Régiment de Steindel........................	2 —

Deux batteries à pied d'artillerie saxonne.
Détachement du train d'artillerie saxon.

SEPTIÈME CORPS D'ARMÉE

VINGT-CINQUIÈME DIVISION
(saxons)
Général de division de Sahr.

Première brigade
Colonel commandant de Bosch.

Grenadiers saxons réunis. Comm. Kleist.	1 bataillon.
2ᵉ régiment d'infanterie légère saxonne...	2 bataillons
Régiment du roi. Commandant Melzradt	1 bataillon.
Régiment de Niesmenchel. Comm. Troski	1 —

Deuxième brigade
Colonel commandant de Rissel.

Régiment de Low..................	2 bataillons
Régiment d'Antoine................	2 —

Deux batteries à pied d'artillerie saxonne.
Détachement du train d'artillerie saxon.

TRENTE-DEUXIÈME DIVISION
Général de division Durutte.

Première brigade
Général Devaux.

35ᵉ léger........................	2 bataillons
132ᵉ de ligne. Colonel Tridoulat.........	3 —

Deuxième brigade
Général Jarry.

36ᵉ léger. Colonel Baume.............	2 bataillons
131ᵉ de ligne. Colonel Maury...........	3 —

Troisième brigade
Général......

133ᵉ de ligne. Colonel Menu...........	2 bataillons
Régiment de Wurzbourg Colonel Moser	2 —

Deux batteries à pied.
Détachement du train d'artillerie.

Brigade de cavalerie légère
(SAXONS)

Colonel commandant de Lindenau.

Hussards saxons, Major de Falitsch... 8 escadrons.
Lanciers saxons, Colonel Thumel...... 5 —

Deux batteries à cheval d'artillerie saxonne.

Réserves et parcs du septième corps

Une batterie à pied d'artillerie saxonne.
Une compagnie de sapeurs saxons.
Détachement du train d'artillerie saxon.

HUITIÈME CORPS D'ARMÉE
(POLONAIS)

Quartier général à Zittau

ÉTAT-MAJOR

Commandant en chef. — Prince Poniatowski.
Chef d'état-major. — Général de division Rozniecki.
Commandant l'artillerie. — Colonel Redel.
Commandant le génie. — Colonel Mallet.

VINGT-SIXIÈME DIVISION
(POLONAIS)

Général de division Kaminiecki.

Première brigade
Général Sierawski.

1er d'infanterie polonaise, Colonel Piotrowski. 2 bataillons
16e —   —   Major Bodesta....   2   —

Deuxième brigade
Général Malachowski.

8e d'infanterie polonaise, Colonel Stuart.... 2 bataillons
15e —   —   Colonel Strawzenski 2   —

Trois batteries à pied d'artillerie polonaise.

VINGT-SEPTIÈME DIVISION
(POLONAIS)

N. B. Le commandant de cette division, général Dombrowski, avait été attaché, avec sa première brigade, au premier corps d'armée. Voy. plus haut, p. 224.

Deuxième brigade
Général Grabowski.

12e d'infanterie polonaise. Col. Wierzbinski.   2 bataillons.
Une batterie et demie d'artillerie à pied polonaise.

Brigade de cavalerie
(POLONAIS)

14e cuirassiers polonais. Colonel Djickorski.   2 escadrons.
1er régiment d'avant-garde. Colonel Suckeski.   4   —

Réserves et parcs du huitième corps

Deux batteries à pied d'artillerie polonaise.
Une compagnie de sapeurs polonais.
Détachement du train des équipages polonais.

NEUVIÈME CORPS D'ARMÉE
(ANCIEN CORPS D'OBSERVATION DE BAVIÈRE)

Quartier général à Wurzbourg.

ÉTAT-MAJOR

Commandant en chef. — Maréchal Augereau, duc de Castiglione.
Chef d'état-major. — Général de brigade Ménard.
Commandant l'artillerie. — Général de brigade Pellegrin.
Commandant le génie. — Général de brigade Dode.

CINQUANTE-ET-UNIÈME DIVISION
Général de division Turreau.

Première brigade
Général Lagarde.

32ᵉ demi-brigade provisoire (25ᵉ léger.. 1 bataillon.
Major Lebrun. (32ᵉ — ... 1 —
113ᵉ de ligne, Major Desquands............ 4 bataillons.

Deuxième brigade
Général Aymard.

33ᵉ demi-brigade provisoire (27ᵉ de ligne... 1 bataillon.
Major Blaune. (63ᵉ — . 1 —
34ᵉ demi-brigade provisoire (10ᵉ léger.... 1 bataillon.
Major Esperandier. (21ᵉ — ... 1 —
35ᵉ demi-brigade provisoire (32ᵉ de ligne.. 1 bataillon.
Major Moncamp. (58ᵉ — .. 1 —

Deux batteries à pied.
Détachement du train d'artillerie.

CINQUANTE-DEUXIÈME DIVISION
Général de division Sémélé.

Première brigade
Général Bagneris.

36ᵉ demi-brigade provisoire (24ᵉ de ligne.. 1 bataillon.
(39ᵉ — . 1 —
37ᵉ demi-brigade provisoire (17ᵉ léger..... 1 bataillon.
Colonel Magaud. (29ᵉ — ... 1 —
38ᵉ demi-brigade provisoire (54ᵉ de ligne.. 1 bataillon.
(95ᵉ — . 1 —

Deuxième brigade
Général.....

39ᵉ demi-brigade provisoire (8ᵉ de ligne.. 1 bataillon.
(28ᵉ — . 1 —
(88ᵉ — . 1 —

40ᵉ demi-brigade provisoire { 15ᵉ de ligne.. 1 bataillon.
{ 70ᵉ — . 1 —

Deux batteries à pied.
Détachement du train d'artillerie.

N. B. Un état de situation, à la date du 1ᵉʳ septembre, porte une *cinquante-troisième* et une *cinquante-quatrième divisions* comme appartenant, ou plutôt devant appartenir au corps d'observation de Bavière (neuvième corps); mais, à cette date, ces deux divisions n'étaient encore qu'en formation à Mayence ; des six officiers généraux qui devaient y avoir des commandements, un seul était nommé. Elles ne pouvaient donc pas être comprises effectivement dans ce tableau de la Grande armée au 15 août 1813. Ce n'est pas sans quelque doute même que nous y avons fait figurer les *cinquante-et-unième* et *cinquante-deuxième* divisions, qui n'étaient pas complètes encore, mais qui enfin avaient à Wurzbourg leur quartier général et leurs principaux éléments d'organisation.

Réserves et parcs du neuvième corps

Une batterie à pied.
Une batterie à cheval.
Une compagnie de sapeurs.
Détachement du train d'artillerie.

DIXIÈME CORPS D'ARMÉE
(POUR MÉMOIRE)

N. B. Le dixième corps, sous le commandement en chef du général de division Rapp, constituait la garnison de Danzig. Il était composé des septième, trentième et trente-troisième divisions.

ONZIÈME CORPS D'ARMÉE

Quartier général à Lœwenberg.

ÉTAT-MAJOR

Commandant en chef. — Maréchal Macdonald, duc de Tarente.
Chef d'état-major. — Général de division Grundler.
Commandant l'artillerie. — Colonel Sautereau.
Commandant le génie. — Chef de bataillon Marion.

TRENTE ET UNIÈME DIVISION
(MIXTE)

Général de division Ledru.

Première brigade
Général Fressinet.

11ᵉ demi-brigade provisoire Major Baltié.	27ᵉ léger....	1 bataillon
	20ᵉ de ligne.	1 —
	102ᵉ — .	1 —
13ᵉ demi-brigade provisoire Major Ferrand.	5ᵉ de ligne.	1 bataillon.
	11ᵉ — .	1 —
	79ᵉ — .	1 —

Deuxième brigade
Général d'Hénin.

Fusiliers gardes westphaliens......... 2 bataillons.
8ᵉ de ligne westphalien................. 2 —
4ᵉ d'infanterie légère westphalienne...... 1 bataillon.

Troisième brigade
Général Macdonald.

Régiment d'élite napolitain........... 1 bataillon.
4ᵉ d'infanterie légère napolitaine....... 2 bataillons.
Deux batteries à pied d'artillerie française.

ONZIÈME CORPS D'ARMÉE

Une batterie à pied d'artillerie westphalienne.
Train d'artillerie; détachements français et westphalien.

TRENTE-CINQUIÈME DIVISION
(MIXTE)
Général de division Gérard.

Première brigade
Général Le Sénécal.

6º de ligne. Major Frossard.............. 3 bataillons.
112º — Colonel Labédoyère......... 4 —

Deuxième brigade
Général Zucchi.

2º d'infanterie légère italienne. Major Jabin. 2 bataillons.
5º de ligne italien. Colonel Peri.......... 4 —

Une batterie à pied d'artillerie française.
Une batterie à cheval d'artillerie italienne.
Train d'artillerie; détachements français et italien.

TRENTE-SIXIÈME DIVISION
Général de division Charpentier.

Première brigade
Général Simmer.

22º léger. Colonel Charras............. 4 bataillons.
10º de ligne. Major Emion............... 2 —

Deuxième brigade
Général Meunier.

3º léger. Major Tissot................. 2 bataillons.
14º — Colonel Tripp................. 3 —

Deux batteries à pied.
Détachement du train d'artillerie.

Brigade de cavalerie légère
(ÉTRANGERS)

Quartier général à Lubbenau.

4ᵉ chasseurs italiens. Colonel Ercolei......	2 escadrons.
Chev.-légers de Wurzbourg Com. Hermets	1 escadron.
2ᵉ chasseurs napolitains. Colonel Regnier...	4 escadrons.

Réserves et parcs du onzième corps

Quatre batteries à pied.
Une batterie à cheval.
Deux compagnies de sapeurs français.
Une compagnie de sapeurs italiens.
Détachement du train d'artillerie.

DOUZIÈME CORPS D'ARMÉE
Quartier général à Lubbenau.

ÉTAT-MAJOR

Commandant en chef. — Maréchal Oudinot, duc de Reggio.
Chef d'état-major. — Général de brigade Lejeune.
Commandant l'artillerie. — Général de brigade Nourry.
Commandant le génie. — Général de brigade Blein.

TREIZIÈME DIVISION
Général de division Pactod.

Première brigade
Général Bardet.

1ᵉʳ léger. Major Fayard...............	1 bataillon.
7ᵉ de ligne. Major Georges...........	2 bataillons.
42ᵉ — Colonel Pierre............	1 bataillon.

Deuxième brigade
Général Cacault.

67ᵉ de ligne. Colonel Tripoul...........	2 bataillons.

DOUZIÈME CORPS D'ARMÉE

101ᵉ de ligne. Colonel Robillard............ 3 bataillons.
Deux batteries à pied.
Détachement du train d'artillerie.

QUATORZIÈME DIVISION
Général de division Guilleminot.

Première brigade
Général Gruyer.

18ᵉ léger. Colonel Bertrand............ 2 bataillons.
156ᵉ de ligne. Colonel Oudot............ 3 —

Deuxième brigade
Général Brun de Villeret.

Régiment illyrien. Commandant Pauly. 1 bataillon.
52ᵉ de ligne. Major Limouzin............ 2 bataillons.
137ᵉ — Colonel Gaillard............ 3 —
Deux batteries à pied.
Détachement du train d'artillerie.

VINGT-NEUVIÈME DIVISION
(BAVAROIS)
Général de division de Raglowich.

Première brigade
Général de Beckers.

Infanterie légère bavaroise. Comm. Fortis. 1 bataillon.
3ᵉ de ligne bavarois. Comm. Weinbach.. 1 —
4ᵉ — Comm. Hausmann.. 1 —
8ᵉ — Comm. Bach...... 1 —
13ᵉ — Comm. Vincenti.... 1 —

Deuxième brigade
Colonel commandant Maillot de La Traille.

Infant. légère bavaroise. Comm. de Palm. 1 bataillon.

5e de ligne bavarois. Comm. Habermann.. 1 bataillon.
7e de ligne bavarois. Commandant Abele. 1 —
9e — Comm. Freyber..... 1 —
10e — Comm. Rummel..... 1 —

Deux batteries à pied d'artillerie bavaroise.
Train d'artillerie bavarois.

DIVISION DE CAVALERIE LÉGÈRE
(ALLEMANDS)
Général de division Beaumont.

Première brigade
Général Wolff.

Chevau-légers westphaliens............. 4 escadrons.
Chevau-légers hessois................. 3 —

Deuxième brigade
Colonel commandant de Saissel.

Chevau-légers bavarois................ 3 escadrons

Réserves et parcs du douzième corps

Deux batteries à pied.
Une batterie à cheval.
Deux compagnies de sapeurs.
Détachements du train d'artillerie et des équipages.

TREIZIÈME CORPS D'ARMÉE
Quartier général à Hambourg.

ÉTAT-MAJOR

Commandant en chef. — Maréchal Davout, prince d'Eckmühl.
Chef d'état-major. — Général de brigade de Laville.
Commandant l'artillerie. — Général de brigade Jouffroy.
Commandant le génie. — Chef de bataillon Vinache.

TROISIÈME DIVISION
Général de division Loison.

Première brigade
Général Mielzinski.

15e léger, Colonel Brice.................. 4 bataillons.
44e de ligne, Major Bochuton............ 2 —

Deuxième brigade
Général Leclerc.

48e de ligne, Colonel Warenghien........ 4 bataillons.
108e   —   Colonel Achard.............. 4 —

Deux batteries à pied.
Détachement du train d'artillerie.

QUARANTIÈME DIVISION
Général de division Thiébault.

Première brigade
Général Delcambre.

33e léger, Major Martineau.............. 2 bataillons.
30e de ligne, Colonel Ramand............ 4 —

Deuxième brigade
Général Gengoult.

61e de ligne, Colonel Ricard............. 4 bataillons.
111e   —   Colonel Holtz............... 4 —

Deux batteries à pied.
Détachement du train d'artillerie.

CINQUANTIÈME DIVISION
(Une brigade)
Général de division Vichery.

Première brigade
Général Rome.

3º de ligne. Colonel Ducouret........	4 bataillons.
105º — Major Ville...............	2	—

Une batterie à pied,
Une batterie à cheval,
Détachement du train d'artillerie.

DIVISION AUXILIAIRE DANOISE
Prince Frédéric de Hesse.

Avant-garde
Colonel commandant de Waldeck.

Chasseurs de Sleswig................	1 bataillon.
Tirailleurs de Holstein...............	2 bataillons.
Hussards de Jutland.................	2 escadrons.

Batterie et train d'artillerie.

Première brigade
Général de Schulembourg.

Régiment de la Reine................	1 bataillon.
Régiment d'Oldenbourg..............	4 bataillons.
Cavalerie de Holstein................	4 escadrons.

Batterie et train d'artillerie.

Deuxième brigade
Général de Lasson.

Régiment de Fionie.................	1 bataillon.
Régiment de Holstein................	2 bataillons.
Régiment de Sleswig................	2	—
Dragons de Jutland.................	4 escadrons.

Batterie et train d'artillerie.

Brigade de cavalerie
Général Lallemand.

17º de lanciers polonais. Colonel Rajeski...	3 escadrons.
28º de chasseurs français. Colonel Courtier.	2	—

Réserves et parcs du treizième corps

Une batterie à cheval.
Une compagnie de sapeurs.
Détachement du train d'artillerie.
Quatre compagnies du train des équipages.

QUATORZIÈME CORPS D'ARMÉE

Quartier général à Dresde.

ÉTAT-MAJOR

Commandant en chef. — Maréchal comte Gouvion Saint-Cyr.
Chef d'état-major. — Général de brigade Borelli.
Commandant l'artillerie. — Général de brigade Pernéty.
Commandant le génie. — ......

QUARANTE-DEUXIÈME DIVISION

Général de division Mouton-Duvernet.

Première brigade
Général......

» demi-brigade provisoire Major Louis.	4ᵉ léger....	1 bataillon.
	12ᵉ —......	1 —
4ᵉ demi-brigade provisoire Major Guillet.	9ᵉ léger....	1 —
	28ᵉ —......	1 —
» demi-brigade provisoire Major Segond.	10ᵉ léger...	1 —
	21ᵉ —....	1 —

Deuxième brigade
Général Creutzer.

» demi-brigade provisoire Major Lacroix.	27ᵉ de ligne.	1 bataillon.
	63ᵉ —...	1 —
16ᵉ demi-brigade provisoire Major Charrier.	40ᵉ de ligne.	1 —
	43ᵉ —	1 —

76ᵉ de ligne. Major Maurin.............. 2 bataillons.
96ᵉ —   Major Lacroix............... 2 —
Deux batteries à pied.
Détachement du train d'artillerie.

QUARANTE-TROISIÈME DIVISION
Général de division Claparède.

Première brigade
Général Godard.

27ᵉ léger. Major Paty................ 2 bataillons.
29ᵉ —   Major Delot................ 1 bataillon.
100ᵉ de ligne. Major Rayez............ 3 bataillons.

Deuxième brigade
Général Butrand.

45ᵉ de ligne. Major Hudoux............ 2 bataillons.
65ᵉ —   Major Villeneuve........... 1 bataillon.
103ᵉ —   .... 2 bataillons.
21ᵉ demi-brigade provisoire (59ᵉ de ligne. 1 bataillon.
  Major Jeannin.   (94ᵉ — ... 1 —
Deux batteries à pied.
Détachement du train d'artillerie.

QUARANTE-QUATRIÈME DIVISION
Général de division Berthezène.

Première brigade
Général Paillard.

8ᵉ léger. Major Colette............... 2 bataillons.
64ᵉ de ligne. Major Demonceau.......... 2 —
34ᵉ demi-brigade provisoire (10ᵉ léger.... 1 bataillon.
  Major Chapsal.   (18ᵉ — . 1 —

QUATORZIÈME CORPS D'ARMÉE

Deuxième brigade
Général Letellier.

19ᵉ demi-brigade provisoire {	50ᵉ de ligne..	1 bataillon
Major Larche.	75ᵉ —	1 —
« demi-brigade provisoire {	54ᵉ de ligne..	1 —
Major Philippon.	95ᵉ —	1 —
» demi-brigade provisoire {	24ᵉ de ligne..	1 —
Major Bulot.	39ᵉ —	1 —

Deux batteries à pied.
Détachement du train d'artillerie.

QUARANTE-CINQUIÈME DIVISION
Général de division Razout.

Première brigade
Général Goguet.

6ᵉ léger. Major Rubelin..................		1 bataillon.
26ᵉ demi-brigade provisoire {	5ᵉ de ligne..	1 bataillon.
Major Déaddé	11ᵉ —	1 —
» demi-brigade provisoire {	8ᵉ de ligne...	1 —
Major Gilly.	28ᵉ —	1

Deuxième brigade
Général d'Esclevin.

» demi-brigade provisoire {	32ᵉ de ligne..	1 bataillon.
	58ᵉ —	1 —
18ᵉ demi-brigade provisoire {	34ᵉ de ligne..	1 —
Major Dhar.	69ᵉ —	1 —
27ᵉ demi-brigade provisoire {	79ᵉ de ligne..	1 —
Major Lustringer.	81ᵉ —	1 —
60ᵉ de ligne. Colonel Baillon............		1 —

Deux batteries à pied.
Détachement du train d'artillerie.

DIXIÈME DIVISION DE CAVALERIE LÉGÈRE
Général de division Pajol.

Première brigade
Général Jacquet.

14ᵉ hussards. Colonel Garavagne............ 4 escadrons.
2ᵉ chasseurs italiens. Colonel Laval...... 4 —

Deuxième brigade
Général Stedmann.

7ᵉ chevau-légers. Colonel Ranski............ 4 escadrons.

Réserves et parcs du quatorzième corps

Deux batteries à pied.
Deux batteries à cheval.
Une compagnie de pontonniers.
Quatre compagnies de sapeurs.
Détachements du train d'artillerie, du train du génie et du train des équipages.

RÉSERVE DE CAVALERIE

LE ROI DE NAPLES (Joachim Murat), lieutenant de l'Empereur, commandant en chef la cavalerie.

Le général de division comte Belliard, aide-major général de la cavalerie.

PREMIER CORPS DE CAVALERIE
Quartier général à Sagan.

ÉTAT-MAJOR

Commandant en chef. — Général de division Latour-Maubourg.
Chef d'état-major. — Adjudant commandant Mathieu.
Commandant l'artillerie. — Colonel Lavoy.

RÉSERVE DE CAVALERIE

PREMIÈRE DIVISION DE CAVALERIE LÉGÈRE
Général de division Corbineau.

Première brigade
Général Piré.

6e hussards. Colonel Carignan............	2	escadrons.
7e — Colonel Eulner..............	3	—
8e — Colonel du Coëtlosquet......	3	—

Deuxième brigade
Général Montmarie.

16e chasseurs. Colonel Latour............	2	escadrons.
1er chevau-légers........................	2	—
3e — Colonel Hatry..............	2	—

Troisième brigade
Général Piquet.

5e chevau-légers. Colonel Chabert.........	2	escadrons.
8e — Colonel Lubienski..........	2	—
1er chasseurs italiens. Colonel Gasparinetti.	4	—

TROISIÈME DIVISION DE CAVALERIE LÉGÈRE
Général de division Chastel.

Première brigade
Général Vallin.

8e chasseurs. Colonel de Périgord.........	2	escadrons.
9e — Colonel du Kermont........	2	—
25e — Colonel Faudoas............	2	—

Deuxième brigade
Général van Merlen.

1er chasseurs. Colonel Hubert............	3	escadrons.
19e — Colonel Vincent............	4	—

Troisième brigade
Général Dermoncourt.

2ᵉ chasseurs. Colonel Mathis............	2	escadrons.
3ᵉ — Colonel Royer............	2	—
6ᵉ — Colonel Talhouet..........	3	—

PREMIÈRE DIVISION DE GROSSE CAVALERIE
Général de division Bordesoulle.

Première brigade
Général Berckheim.

2ᵉ cuirassiers. Colonel Rolland..........	2	escadrons.
3ᵉ — Colonel Lacroix..........	2	—
6ᵉ — Colonel Martin............	2	—

Deuxième brigade
Général Bessières.

9ᵉ cuirassiers. Colonel Murat............	3	escadrons.
11ᵉ — Colonel Duclos...........	3	—
12ᵉ — Colonel Dandiès..........	2	—

Troisième brigade
Général Lessing

Cuirassiers-gardes saxons. Col. de Berg....	4	escadrons.
Cuirassiers de Zastrow. Colonel de Ziegler..	4	—

TROISIÈME DIVISION DE GROSSE CAVALERIE
Général de division Doumerc.

Première brigade
Général d'Audenarde.

4ᵉ cuirassiers. Colonel Dugon............	3	escadrons.
7ᵉ — Colonel Richardon........	3	—
14ᵉ — Colonel Tripp............	2	—
Dragons Napoléon (italiens). Col. Gualdi.	4	—

Deuxième brigade
Général Reiset.

7ᵉ dragons.	Colonel Sopranzi............	2	escadrons.
23ᵉ —	Colonel Martigne............	3	—
28ᵉ —	Commandant Caroges........	2	—
30ᵉ —	Colonel Ordener............	2	—

Artillerie du premier corps de cavalerie

Quatre batteries à cheval d'artillerie française.
Une batterie à cheval d'artillerie saxonne.
Une batterie à cheval d'artillerie italienne.
Détachements du train, français, saxon et italien.

DEUXIÈME CORPS DE CAVALERIE
Quartier général à Freystadt.

ÉTAT-MAJOR

Commandant en chef. — Général de division Sébastiani.
Chef d'état-major. — Adjudant commandant Lascours.
Commandant l'artillerie. — Colonel Colin.

DEUXIÈME DIVISION DE CAVALERIE LÉGÈRE
Général de division Roussel d'Hurbal.

Première brigade
Général Gérard.

11ᵉ chasseurs.	Colonel Nicolas............	3	escadrons.
12ᵉ —	Colonel Ghigny............	3	—
5ᵉ hussards.	Colonel Fournier............	3	—

Deuxième brigade
Général Domanget.

9ᵉ hussards.	Colonel Maignet............	4	escadrons.
2ᵉ chevau-légers.	Colonel Berruyer........	3	—
4ᵉ —	Colonel Deschamps....	3	—

QUATRIÈME DIVISION DE CAVALERIE LÉGÈRE
Général de division Exelmans.

Première brigade
Général Maurin.

6ᵉ chevau-légers. Colonel Perquit............	2	escadrons.
4ᵉ chasseurs. Colonel Devence..............	2	—
7ᵉ — Colonel Saint-Chamans......	3	—

Deuxième brigade
Général Vathier.

20ᵉ chasseurs. Colonel Lagrange...........	4	escadrons.
23ᵉ — Colonel Marbot..............	4	—
24ᵉ — Colonel Schneidt............	3	—
11ᵉ hussards. Colonel Liégeard............	2	—

DEUXIÈME DIVISION DE GROSSE CAVALERIE
Général de division de Saint-Germain.

Première brigade
Général d'Augeranville.

1ᵉʳ carabiniers. Colonel Laroche............	2	escadrons.
2ᵉ — Colonel Blancard...........	2	—
1ᵉʳ cuirassiers. Colonel Clerc..............	2	—

Deuxième brigade
Général Thiry.

5ᵉ cuirassiers. Colonel Christophe.........	3	escadrons.
8ᵉ — Colonel Lefaivre...........	2	—
10ᵉ — Colonel Lahuberdière......	2	—

Artillerie du deuxième corps de cavalerie

Trois batteries à cheval.
Détachement du train d'artillerie.

RÉSERVE DE CAVALERIE

TROISIÈME CORPS DE CAVALERIE
Quartier général à Leipzig.

ÉTAT-MAJOR

Commandant en chef. — Général de division Arrighi, duc de Padoue.
Chef d'état-major. — Adjudant commandant Salel.
Commandant l'artillerie. — Colonel Chauveau.

CINQUIÈME DIVISION DE CAVALERIE LÉGÈRE
Général de division Lorge.

Première brigade
Général Jacquinot.

5ᵉ chasseurs.	Colonel Beugnat............	2 escadrons.
10ᵉ —	Commandant Duhamel......	2 —
13ᵉ —	Colonel Shée..............	2 —

Deuxième brigade
Général Merlin.

15ᵉ chasseurs.	Major Rougiot............	1 escadron.
21ᵉ —	Commandant Barbier.......	1 —
22ᵉ —	Major de Bourbel..........	2 escadrons.

SIXIÈME DIVISION DE CAVALERIE LÉGÈRE
Général de division Fournier.

Première brigade
Général Mouriez.

20ᵉ chasseurs.	Commandant Montailleur....	1 escadron.
31ᵉ —	....	1 —
1ᵉʳ hussards.	Colonel Clary.............	1 —

Deuxième brigade
Général Ameil.

2ᵉ hussards. Colonel Rousseau..............	1 escadron.
4ᵉ —	1 —
12ᵉ —	1 —

QUATRIÈME DIVISION DE GROSSE CAVALERIE
Général de division Defrance.

Première brigade
Général Avice.

4ᵉ dragons.......................	1 escadron.
5ᵉ —	1 —
12ᵉ —	1 —
14ᵉ —	1 —
24ᵉ —	1 —

Deuxième brigade
Général Quinette.

16ᵉ dragons.......................	1 escadron.
17ᵉ — Colonel Lepic.................	1 —
21ᵉ — Colonel Saviot................	1 —
26ᵉ —	1 —
27ᵉ —	1 —
13ᵉ cuirassiers	1 —

Artillerie du troisième corps de cavalerie

Quatre batteries à cheval.
Détachement du train d'artillerie.

QUATRIÈME CORPS DE CAVALERIE
(POLONAIS)

Quartier général à Zittau.

ÉTAT-MAJOR

Commandant en chef. — Général de division Kellermann, comte de Valmy.
Chef d'état-major. — Adjudant commandant Tancarville.
Commandant l'artillerie.........................

SEPTIÈME DIVISION DE CAVALERIE LÉGÈRE
Général de division Sokolnicki.

Première brigade
Général Krustowecki.

N. B. Cette brigade était attachée provisoirement au premier corps d'armée. Voy. plus haut, page 224.

Deuxième brigade
Général Tolinski.

3e de cavalerie polonaise, Colonel Oberski. 4 escadrons.
13e —   —   Major Gutakowski. 4 —
Une batterie à cheval d'artillerie polonaise

HUITIÈME DIVISION DE CAVALERIE LÉGÈRE
Général de division Zutkowski.

Première brigade
Général Uminski.

1er de cavalerie polonaise, Col. Kurtanowski. 4 escadrons.
6e —   —   Col. Suckorzewski. 4 —

Deuxième brigade
Général Weissenhoff.

8e de cavalerie polonaise. Colonel Potocki...	4	escadrons.
10e — — Colonel Tarnowski.	4	—

Une batterie à cheval d'artillerie polonaise.

CINQUIÈME CORPS DE CAVALERIE
Quartier général à Dresde.

ÉTAT-MAJOR

Commandant en chef. — Général de division Lhéritier.
Chef d'état-major. — Adjudant commandant Soubeiran.
Commandant l'artillerie...............

NEUVIÈME DIVISION DE CAVALERIE LÉGÈRE
Commandant. — Général de brigade Klicky.

Première brigade
Commandant.........

3e hussards. Colonel Rousseau..........	2	escadrons.
27e chasseurs. Colonel Strub............	2	—

Deuxième brigade
Commandant...........

14e chasseurs. Colonel Lemoine...........	2	escadrons.
20e —	2	—
13e hussards.......................	3	—

CINQUIÈME DIVISION DE CAVALERIE
Commandant. — Général de brigade Collaert.

Première brigade
Commandant..........

2e dragons. Colonel Hoffmayer..........	1	escadron.
6e — Colonel Mugnier............	2	escadrons.

Deuxième brigade
Commandant............

11e dragons.	Colonel Thévenez............	2 escadrons.
13e —	Colonel Monginot............	1 escadron.
15e —	Colonel Boudinhou............	1 —

SIXIÈME DIVISION DE GROSSE CAVALERIE
Commandant. — Général de brigade Lamotte.

Première brigade
Commandant............

18e dragons.	Colonel Dard............	1 escadron.
19e —	Colonel Mermet............	1 —
20e —	Colonel Desargus............	1 —

Deuxième brigade
Commandant........

22e dragons............................		1 escadron.
25e —	Colonel Montigny............	1 —

Artillerie du cinquième corps de cavalerie
Une batterie à cheval.
Détachement du train d'artillerie.

CINQUIÈME CORPS (BIS) DE CAVALERIE
Quartier général en marche sur Wurzbourg.

Commandant en chef. — Général de division Milhaud.

NEUVIÈME DIVISION (BIS) DE CAVALERIE LÉGÈRE
Commandant. — Général de brigade Vial.

Première brigade
Commandant..........

3ᵉ hussards............................	1 escadron.
27ᵉ chasseurs...........................	1 —

Deuxième brigade
Commandant..........

14ᵉ chasseurs...........................	1 escadron.
26ᵉ —	1 —
13ᵉ hussards...........................	1 —

CINQUIÈME DIVISION (BIS) DE GROSSE CAVALERIE
Commandant. — Général de brigade Queunot.

Première brigade
Commandant..........

2ᵉ dragons...........................	1 escadron.
6ᵉ —	1 —

Deuxième brigade
Commandant..........

11ᵉ dragons...........................	2 escadrons
13ᵉ —	1 escadron.
15ᵉ —	1 —

SIXIÈME DIVISION (BIS) DE GROSSE CAVALERIE
Commandant. — Général de brigade Montelégier.

Première brigade
Commandant..........

18ᵉ dragons...........................	1 escadron.
19ᵉ —	1 —
20ᵉ —	1 —

GARDE IMPÉRIALE

Deuxième brigade
Commandant..........

22ᵉ dragons........................	2 escadrons.
25ᵉ —	1 escadron.

N.-B. Le *cinquième corps bis* de cavalerie n'avait qu'une existence provisoire ; il devait être fondu dans le *cinquième corps*, aux régiments duquel il amenait des escadrons de renfort.

GARDE IMPÉRIALE
Quartier général à Dresde.

ÉTAT-MAJOR

Commandant l'infanterie. — Maréchal Mortier, duc de Trévise.

Aide-major général. — Général de division Mouton, comte de Lobau.

Commandant la cavalerie. — Général de division Nansouty.

Commandant en second la cavalerie. — Général de division Walther.

Chef d'état-major de la Jeune Garde. — Adjudant commandant Meinadier.

Commandant l'artillerie. — Général de division Dulauloy.

Commandant en second l'artillerie. — Général de brigade Desvaux.

Commandant le génie. — Général de division Haxo.

VIEILLE GARDE

DIVISION D'INFANTERIE
Général de division Friant.

Première brigade
Général de division Curial.

1ᵉʳ chasseurs. Colonel-major Decouz........	2 bataillons.
2ᵉ — Colonel-major Deshayes......	2 —

Deuxième brigade
Général Michel.

1ᵉʳ grenadiers. Colonel-major Michel.......	2 bataillons.
2ᵉ — Colonel-major Christiani....	2 —
Vélites de Turin. Commandant Cicéron...	1 bataillon.
Vélites de Florence. Commandant Barrois.	1 —

Une batterie à pied de la Vieille Garde.
Une compagnie du train d'artillerie de la Garde.

JEUNE GARDE

PREMIÈRE DIVISION D'INFANTERIE
Général de division Dumoustier.

Première brigade
Général........

Fusiliers chasseurs. Colonel Rousseau ..... 2 bataillons.
Fusiliers grenadiers. Colonel Flamand...... 2 —

Deuxième brigade
Général Tindal.

1ᵉʳ voltigeurs. Colonel Jouan.............. 2 bataillons.
2ᵉ — Colonel Schromm............ 2 —

Troisième brigade
Général.............

3ᵉ voltigeurs. Colonel Cambronne.......... 2 bataillons.
6ᵉ — Colonel Castanié............ 2 —
7ᵉ — Colonel Couloumy........... 2 —

Trois batteries à pied de la jeune Garde.
Une compagnie de sapeurs.
Deux compagnies du train d'artillerie de la Garde.
Une compagnie du train des équipages de la Garde.

GARDE IMPÉRIALE

DEUXIÈME DIVISION D'INFANTERIE
Général de division Barrois.

Première brigade
Général Rothembourg.

1ᵉʳ tirailleurs. Colonel Darriule............	2	bataillons.
2ᵉ — Colonel Vionnet.............	2	—

Deuxième brigade
Général..........

3ᵉ tirailleurs. Colonel Poret.............	2	bataillons.
6ᵉ — Colonel Trappier...........	2	—
7ᵉ — Colonel Pailhès.............	2	—

Troisième brigade
Général Boyeldieu.

Flanqueurs chasseurs. Colonel Pompéjac...	2	bataillons.
Flanqueurs grenadiers. Colonel Desalons...	2	—

Trois batteries à pied de la Jeune Garde.
Une compagnie de sapeurs.
Deux compagnies du train d'artillerie de la Garde.
Une compagnie du train des équipages de la Garde.

TROISIÈME DIVISION D'INFANTERIE
Général de division Delaborde.

Première brigade
Général Gros.

4ᵉ voltigeurs.......................	2	bataillons.
5ᵉ — Colonel Marguet.............	2	—

Deuxième brigade
Général Combelle.

8ᵉ voltigeurs. Colonel Secretan............	2	bataillons.
9ᵉ — Colonel Henrion.............	2	—
10ᵉ — Colonel Suisse..............	2	—

Troisième brigade
Général Dulong.

11ᵉ voltigeurs. Colonel Pinguern.......... 2 bataillons.
12ᵉ   —   Colonel Gromety.......... 2   —

N. B. Ce 12ᵉ régiment de voltigeurs était encore en formation à Mayence.

Trois batteries à pied de la Jeune Garde.
Deux compagnies du train d'artillerie de la Garde.

QUATRIÈME DIVISION D'INFANTERIE
Général de division Roguet.

Première brigade
Général Boyer de Rebeval.

4ᵉ tirailleurs. Colonel Carré............ 2 bataillons.
5ᵉ   —   Colonel Hennequin........ 2   —

Deuxième brigade
Général.....

8ᵉ tirailleurs. Colonel Dorsenne.......... 2 bataillons.
9ᵉ   —   Colonel Bardin........... 2   —
10ᵉ   —   Colonel Vezu............. 2   —

Troisième brigade
Général Pillet.

11ᵉ tirailleurs. Colonel Vautrin.......... 2 bataillons.
12ᵉ   —   Colonel Mosnier.......... 2   —

N. B. Ce 12ᵉ régiment de tirailleurs était encore en formation à Paris.

Trois batteries à pied de la jeune Garde.
Deux compagnies du train d'artillerie de la Garde.

DIVISION DE CAVALERIE

Généraux de division............ { Lefebvre-Desnoëttes. Guyot. Ornano. }

Généraux de brigade............ { Colbert. Lyon. Letort. Krasinski. Castex. Laferrière. }

1er lanciers (polonais). Major Radziwill.... 7 escadrons.
2e lanciers. Major Leclerc................ 10 —
Chevau-légers de Berg. Major de Toll.... 6 —
Chasseurs à cheval. Major Menziau...... 10 —
Dragons. Major Pinteville.............. 6 —
Grenadiers à cheval................... 6 —
Gendarmerie d'élite................... 2 —

Quatre batteries à cheval de la Garde.
Deux compagnies du train d'artillerie de la Garde.

Cavalerie à la suite de la Garde
(GARDES D'HONNEUR)

Général de brigade Dejean.

1er régiment. Colonel-major Mathan.......... 5 escadrons.
2e — Colonel-major de Pange...... 5 —
3e — Colonel-major de Saluces..... 5 —
4e — Colonel-major Monteil........ 5 —

N. B. De ces vingt escadrons, huit ne devaient arriver de l'intérieur de l'Empire à Mayence que dans le courant du mois de septembre. — Les officiers supérieurs qui commandaient, avec le titre de colonel-major, les escadrons de gardes d'honneur envoyés à la Grande armée, n'étaient effectivement que des commandants en second. Les chefs de corps étaient des officiers généraux. Ainsi, le premier régiment des gardes d'honneur avait pour colonel en chef le général de Pully; le deuxième, le général Lepic ; le troisième, le général de Ségur; le quatrième, le général de division Saint-Sulpice.

Réserves et parcs de la Garde

Cinq batteries à pied de la Vieille Garde.
Quatre batteries à pied de la Jeune Garde.
Deux batteries à cheval de la Garde.
Une batterie à cheval du duché de Berg.
Une compagnie de pontonniers.
Une compagnie de sapeurs de la Garde.
Une compagnie de marins de la Garde.
Une compagnie de marins de la Garde italienne.
Une compagnie de marins de la Garde napolitaine.
Quatorze compagnies du train d'artillerie de la Garde.
Train d'artillerie du duché de Berg.
Train du génie de la Garde.
Dix compagnies du train des équipages de la Garde.
Trois compagnies d'ouvriers d'administration.

TABLE

Avant-Propos..	1
I. Débris de la Grande armée de 1812...............	1
II. Ressources pour refaire l'armée. — Restes de la conscription de 1812. — Conscription de 1813......	9
III. Les cohortes. — Organisation. — Effectif. — Mobilisation. — Régiments de cohortes.............	14
IV. Appel de 250,000 hommes. — Ressources diverses. — Régiments de marine........................	20
V. Nouvel appel de 180,000 hommes. — Résumé des ressources pour le rétablissement de la Grande armée...	25
VI. Premiers projets de réorganisation. — Insuffisance des cadres..	29
VII. Indiscipline des cohortes par la faute des officiers. — Réclamations du général Lauriston........	36
VIII. Les conscrits. — Les dépôts. — Les réfractaires.	42
IX. Commandement du maréchal Kellermann à Mayence. — Soins qu'il prend des jeunes soldats. — Les bataillons d'Erfurt..	47
X. Activité et situation des dépôts. — Organisation hâtive de l'infanterie de ligne.....................	53
XI. État de la Garde à la fin de 1812. — Mesures pour la rétablir. — Artillerie et train des équipages.	60
XII. Cavalerie. — Rapports du ministre de la guerre...	64
XIII. Organisation de la Grande armée de 1813. — Manœuvres prescrites par l'Empereur.............	68
XIV. Observations des commandants des corps d'armée. Mécontentement de l'Empereur. — Effectif réel de la Grande armée.................................	72

XV.	Premiers engagements. — Combat de Weissenfels.	78
XVI.	Attitude et conduite de l'infanterie à la bataille de Lutzen. — Excès et prodigalité de louanges. — Sobriété du maréchal Marmont..................	82
XVII.	Pertes de l'armée française à Lutzen. — Les déserteurs. — Les faux blessés. — La bonne volonté du soldat contrariée par la faiblesse physique.	88
XVIII.	Journées de Bautzen. — État et conduite de la cavalerie............................	95
XIX.	Mauvais effet des premiers succès. — Maraude. — Indiscipline. — Armistice de Pleischwitz.......	100
XX.	État physique et moral de la Grande armée pendant l'armistice.................	107
XXI.	Observations des maréchaux. — Ney. — Marmont. — Victor............................	112
XXII.	Recrues et renforts. — Nouvelle organisation des corps d'armée. — Augmentation de la Garde. — Effectif général de la Grande armée au 15 août.	116
XXIII.	Disposition des forces coalisées et des forces françaises. — Reprise des hostilités. — Bataille de Dresde. — Rôle éclatant de la cavalerie........	123
XXIV.	Poursuite de l'ennemi en Bohême. — Vandamme. — Désastre de Kulm.....................	130
XXV.	Le maréchal Macdonald en Silésie. — Bataille de la Katzbach. — Retraite malheureuse.........	134
XXVI.	Opinion du maréchal Macdonald. — Apparition de l'Empereur à l'armée de Silésie..............	141
XXVII.	Marche du maréchal Oudinot sur Berlin. — Affaire de Gross-Beeren. — Commandement du maréchal Ney. — Bataille de Dennewitz. — Ses suites...	147
XXVIII.	Lettre confidentielle du duc de Bassano au ministre de la guerre. — Levée de 280,000 hommes. — Incorporation des réfractaires.............	155
XXIX.	Les déserteurs. — Retraite du dépôt général de cavalerie de Leipzig à Mayence...............	162
XXX.	Misère des troupes. — Expédients pour les faire vivre................................	169
XXXI.	Réduction de l'effectif. — Bataille de Leipzig. — Retraite des débris de l'armée.............	173
XXXII.	Ressources et dispositions pour la défense du Rhin. — Le typhus de Mayence. — Levée de gardes nationales. — Leur dénûment................	181

TABLE

XXXIII. Remontrances des maréchaux Victor et Marmont. — Observations sur l'armement des gardes nationales... 187

XXXIV. Insurrection de la Hollande. — Témoignage du maréchal Macdonald. — Témoignage du général Molitor... 194

XXXV. Ce que c'était que l'armée de Hollande. — Témoignage du général Decaen........................... 202

ANNEXES... 207

I. Levées et appels du 1er septembre 1812 au 20 novembre 1813.. 209

II. Tableau des cohortes............................... 212
    1. Cohortes par département.................... 212
    II. Régiments de cohortes....................... 217

III. Composition de la Grande armée au 15 août 1813..... 220
    État-major général............................ 220
    Premier corps d'armée......................... 222
    Deuxième corps d'armée........................ 224
    Troisième corps d'armée....................... 226
    Quatrième corps d'armée....................... 229
    Cinquième corps d'armée....................... 232
    Sixième corps d'armée......................... 234
    Septième corps d'armée........................ 236
    Huitième corps d'armée........................ 238
    Neuvième corps d'armée........................ 239
    Dixième corps d'armée......................... 241
    Onzième corps d'armée......................... 242
    Douzième corps d'armée........................ 244
    Treizième corps d'armée....................... 246
    Quatorzième corps d'armée..................... 249
    Réserve de cavalerie.......................... 252
    Premier corps de cavalerie.................... 252
    Deuxième corps de cavalerie................... 255
    Troisième corps de cavalerie.................. 257
    Quatrième corps de cavalerie.................. 259
    Cinquième corps de cavalerie.................. 260
    Cinquième corps *bis* de cavalerie............ 261
    Garde Impériale............................... 263
    Vieille Garde................................. 263
    Jeune Garde................................... 264

FIN.

POITIERS
IMPRIMERIE BLAIS, ROY ET Cie
7, rue Victor-Hugo.

Texte détérioré — reliure défectueuse

NF Z 43-120-11

www.ingramcontent.com/pod-product-compliance
Lightning Source LLC
Chambersburg PA
CBHW070542160426
43199CB00014B/2335